做最好的银行支行长

古剑 邢晓理 著

北京联合出版公司
Beijing United Publishing Co.,Ltd.

图书在版编目（CIP）数据

做最好的银行支行长 / 古剑，邢晓理著 .-- 北京：北京联合出版公司，2013.12（2023.9重印）

ISBN 978-7-5502-2198-7

Ⅰ.①做… Ⅱ.①古…②邢… Ⅲ.①银行业务－中国 Ⅳ.① F832.2

中国版本图书馆 CIP 数据核字（2013）第 254989 号

做最好的银行支行长

作　　者：古　剑　邢晓理

出 品 人：赵红仕

选题策划：北京时代光华图书有限公司

责任编辑：王　巍

特约编辑：江　泉　彭　婷

封面设计：新艺书文化

版式设计：曾　放

北京联合出版公司出版

（北京市西城区德外大街 83 号楼 9 层　100088）

北京时代光华图书有限公司发行

北京晨旭印刷厂印刷　新华书店经销

字数 167 千字　787 毫米 ×1092 毫米　1 / 16　13 印张

2013 年 12 月第 1 版　2023 年 9 月第 5 次印刷

ISBN 978-7-5502-2198-7

定价：49.00 元

目　录

Contents

序言一

Preface

古剑和邢晓理的又一本新书就要出版了，要我来写序，我似乎感到了某种压力。

十年前，古剑先生来北京理工大学学习时，我作为MBA中心的主任，有幸成为他的班主任，陪伴他度过了近三年的学习生涯，应该说我对他还是了解的。

那时，古剑先生还是一位城市信用社的高管，他所供职的单位即将改制为商业银行，这次学习对他的职业生涯来说具有异常重要的意义。

古剑先生在整个学习过程中从未缺过课，也没有补过课。每次上课，他那种全神贯注的神情给我留下了深刻的印象。我常常见到他在课间休息时仍在看书。在参加他的毕业论文答辩时听闻他的硕士论文已经同步出版了，这令我吃了一惊——一位商业银行的高级管理人员，哪有时间著书立说呢？还没有机会当面请他解答我的疑问，他的一本又一本著作寄到了我的案头。

据了解，他不仅是一位称职、敬业的银行高管，还是一位有影响力的企业管理咨询专家和银行业职业生涯管理顾问，几所高等学校的客座教授。从实践中获得真知，在学习中提升感悟，学以致用，肯于且长于传道授业解惑——这本该是我们这些职业教师的理想，古剑先生却换一种方式实现了这个理想——母校以之为荣！

本书的读者对象是银行的支行行长和有志于在银行业有所作为的人。书中用平实的语言，介绍了商业银行支行行长管理经营的学问和技巧，告诉支行行长们该如何思维、如何行动、如何行使职责、如何带领团队、如何展示业绩、如何不断提升。

希望本书的出版可以帮助更多的银行从业者像作者一样不断成长！从而令中国的银行业因为有了一批高素质、有能力、懂技巧的中坚力量，而持续地健康发展。

北京理工大学管理与经济学院教授、博士生导师　汪涛

序言二

Preface

自从回国之后，我一直在与银行打交道。邢晓理是我在银行里交往多年的朋友，我们至今仍经常在一起讨论问题。一天，晓理拿给我一部书稿，说是他与古剑先生共同撰写的又一部新书，邀请我为这本书写篇序言。

接到邀请的时候，我感觉很突然，不知道如何落笔。但是，当我认真阅读了这本书，并且思考了几天以后，我感觉很荣幸能为这本书写序。

我想根据这本书，谈谈我对银行业从业人员的看法，谈谈对银行业从业人员中最核心的一群人，即“支行长”这个群体的看法。

作为多年在银行从事顾问的工作人员，我觉得，这些年我们银行业中的部分从业人员走进了一个巨大的误区——唯利是图。

银行业是为实体经济服务的。我们应该为粮食生产、工厂、物流等行业提供资金支持，作为专业的“分配者”，我们应该尽职尽责地将社会紧缺资源（资金）引导到有效促进社会与经济发展的道路上。银行业（金融业）与实体经济，是藤与树的关系，树长得好，藤才能活下去并长得壮。很可惜，近年来，部分银行只为了挣钱，忽视实体经济，将资金投放到各种短期逐利的行业，甚至出现喧宾夺主，藤压垮树的苗头。这里面不能不说一些支行长们起到了推波助澜的作用。

银行业从业人员，普遍被认为收入高、有社会地位。实际上，银行业只是百业中的一个组成部分，不比其他行业高贵，也不比其他行业低贱。用我喜欢的一个词来概括，我们只是应该做好自己的“家庭作业”。我们的“家庭作业”就是恪守银行的社会职能，促进实体经济的发展。此外，在日常工作中，作为“社会资源”的支配者，通过自己个人的行为，为这个社会注入“正能量”，支行长们也可谓责任重大。

支行长们是完成银行业“家庭作业”最重要的环节，他们处在承上启下的关键岗位，是带领银行基层团队将国家宏观方向、高管层的企业战略，转变为实际社会效果的实施者。

本书通过形象的案例，将支行长的工作与生活进行了生动的刻画，给我留下了特别深刻的印象。我相信它也一定能够感动和影响看到这本书的支行长和其他银行从业人员。

比如毕女士的故事，就是通过一个认真完成“家庭作业”，额外努力规划并实施规划的银行支行长形象，给出了一个重要的启示：你的人生靠自己，你只要能做好本职工作，而且还能额外努力，那么你就会得到额外的回报。国家、单位都需要这样努力向上的银行从业人员，也特别需要这样有作为的管理者。

马先生的案例让我也感触颇深。马先生虽然没有比其他支行长更高超的专业技能，但是他能够认识到自己的不足，并且能很好地“利用”支行员工的长处，这是他成功的关键要素。

认为自己最有能力的领导人，一定不是出色的领导人。而能认识到自己的不足，并用他人的长处弥补自己短处的领导人，才是我们需要的领导人。良好的团队管理远比单人的技术和能力重要。

这本书，凝聚了邢晓理和古剑先生多年的从业经验，凝聚了他们多年的观察与思考。对于银行从业人员来说，看这本书，在众多生动的案例中寻找自己的影子，给自己的未来带来思考，肯定能帮助自己在面对人生众多的岔路口时，走上一条更为精彩的道路。

最后，我想引用书中的一句话来作一个概括：一个优秀的支行长应该乐于负责、敢于负责、能够负责，把承担责任看作自己生存的真正价值。

我认为，我们银行业从业人员都有义务履行我们的社会责任。

德仕金融　丁宇博士

前　言

Preface

如今，不高的劳动强度、不菲的薪资收入、不错的社会地位，让当下年轻人把“我在××银行工作”这句自我介绍说得颇有底气。刚刚毕业的莘莘学子为了光鲜美好的未来，也多是削尖了脑袋、想尽了办法，往银行大门里挤，这让银行的招聘多半火爆异常，甚至不少“官二代”“富二代”也加入到竞争的行列中。激烈的竞争让银行录取比例越来越低，于是“某某行长亲戚关系、某某单位领导关系、某某客户关系”跃然于招聘名单的备注栏之上，“拼爹”渐渐成了银行招聘的潜台词，大众也给银行打上了“嫌贫爱富”的标签。

然而银行既爱“财”也爱“才”，能成为银行的人并不代表着会成为银行的人才。人是成本，人才却是资本。银行当然想把员工都培养成才，好让人力成本变成人力资本，但成才与否的决定权不在银行，而在于员工个人的自我规划与努力。任何人的成才之路都需要经过一番历练，于是经过一番拼杀、满怀憧憬的新人们走进银行大门后才发现：理想很丰满，现实很骨感。理想中的光鲜生活从来都不是为初入职场的新人准备的，不管你的后台多硬，能力多强，都要从基础的岗位和工作做起，而这些工作往往是简单而枯燥的。此时，必须对自己有一个清晰的认识，并开始对自己的职业生涯进行细致的规划，让自己与银行的要求相匹配，成为银行需要的人才。否则，便会在失落与抱怨中渐渐迷失自我，在职业发展的道路上越走越窄，最终被银行淘汰。

“21世纪什么最贵？人才!”在电影《天下无贼》中，黎叔一本正经的表述让人忍俊不禁，但它背后所反映的现实却让人深思。近年来持续的“跑马圈地”让银行产生了大量的人员缺口，在银行大门难进的同时，银行也面临着人员短缺的窘境。在紧守人员入口的同时，银行之间却保持着人员的巨大流动性。银行间展开了激烈的人才暗战，这从坊间经常传出的银行招聘信息和“某某某又跳槽了”的小道消息中可见一斑。而支行行长无疑是这场人才争夺战中的主角，是各家银行争抢的“香饽饽”，但同时这个岗位也最难找到满意的人选。

银行之所以争夺支行长，是因为能做支行长的大都是人才。支行长们是银行人才的核心，他们既是管理者又是被管理者，是银行管理的枢纽，起着承上启下的作用。支行长既要带领支行为客户提供服务、获取利润，又要在上级领导下实现总行制定的经营目标和管理要求。支行长是否优秀决定着其领导的支行是否优秀，同时也决定着这家银行是否优秀。支行长们的担子无疑是沉重的。

一个人能够成为支行长说明他已经具备了较高的水平、较强的能力，已经走在了职业发展道路的前面。但支行长最多只是银行的中层，其职业发展的道路还很长，还有很大的发展空间。而且同时竞争的人员众多，稍有不慎便会被别人超越、取代，因此即便做了支行长仍然要持续进行职业规划，不断学习提高。本书将要讲一些关于支行长的故事，虽说名字叫《做最好的银行支行长》，但世事没有最好，只有更好。我们希望这些故事能给您一些有益的启发，成为您职业发展的助力。

第一章

面对岗位，“想”得清楚

作为一名银行支行长，首先要面对的问题是：如何理解自己与银行之间的关系，如何理解自己的工作和岗位职责。这关系到支行长工作的结果和状态，关系到其岗位价值的实现以及个人价值的生成。

在银行管理体系中，支行在银行体系中发挥着支撑作用，它是一个承上启下的关键层——银行高层的战略部署需要支行来落实，而支行的创造性工作又可以不断优化高层决策。只有高层与支行的良性互动才能创建出优秀的银行。

支行长是银行基层独立机构的领头人，有什么样的支行长就会有什么样的支行。一个支行长的思维方式、眼光、思路会深深嵌入支行的经营管理过程中，影响着每位支行员工的行为。一个优秀的支行长会带出一个优秀的团队，会成就一家优秀的支行，甚至会影响整个银行的发展走向和发展状态。

因此可以毫不夸张地说，支行长的素质往往能够决定一家银行的品质。一个支行长怎么“想”，一家支行就会怎么走。

那么，一个支行长究竟怎么“想”才能使自己与支行都优秀呢？

第一，要想清楚自己的角色感是否强烈，自己的身、心、行是否适合这个岗位，怎样让自己及时进入应有的角色状态。

第二，要想清楚自己到底应该怎样对待支行长这个岗位，自己是否有以支行长岗位为平台的长远规划，是否能够有效防止工作中的短期行为。

第三，要想清楚自己到底应该对谁负责，要如何正确理解上级的战略部署和任务安排，如何让自己的工作更加符合上级的战略意图和发展方向。

第四，要想清楚如何确定自己的工作重心，如何区别轻重缓急，努力把工作做得恰到好处。

第五，要想清楚如何提高自己的执行力，让自己的工作更有效率、更有成效，努力创造让人瞩目的工作业绩。

第六，要想清楚自己应该以什么样的工作状态面对岗位，如何让自己的潜能得到最大程度的发挥，努力把时间和精力用到岗位工作中最重要的事情上去。

第七，要想清楚自己应该不断优化的岗位平台在哪里，找准自己的工作位置，对自己应该负责的事情切实负起责任来。

如果能够把这些问题想清楚，并尽最大可能地做好这些工作，那么你离优秀就不远了，甚至还会创造岗位的奇迹。

让自己的身心真正“过户”

无论你过去是在哪个岗位工作，一旦做到了支行长这个位置，就必须努力去适应这个角色，让自己的身心接纳支行长这个特定的岗位及其职责。所谓“屁股决定脑袋”“卖什么吆喝什么”，讲的都是角色扮演的问题。

一些支行长的岗位职责履行得不理想，有很大一部分原因是他们没有及时恰当地实现角色转换。只有及时实现岗位角色转换，把自己的思想、观念、方法“过户”到支行长的岗位上来，才能用合适、得当的思想、观念和方法去经营和管理支行，工作才会有成效。

一个人无论是从哪个岗位转到支行长的岗位上来的，都或多或少会受到过去工作经历的影响。有的影响可能会有助于支行长岗位职责的履行，有的影响则会形成妨碍。但这种妨碍，从根本上究其原因，还是由于自己的身心没有真正“过户”到支行长的岗位上来。

尽管要顺利实现角色转换并不是一件容易的事，但是一旦走上支行长的岗位，至少应该在以下几个方面实现角色转换：

第一，要迅速实现工作思路的转换，打破过去工作经历所形成的思路和惯性，努力完成对陌生事务的探索和把握，迅速找到工作规律，形成新的工作习惯。

第二，要迅速实现对岗位认知的转换，从心理和思想上确认自己是支行长，搞清楚作为支行长到底应该干什么，并在思想和行动上接受。

第三，要迅速实现工作方法的转换，不仅要合理运用过去用着很顺手的工作方法，更要总结新的工作方法去适应新的工作对象。不仅要做好具体的务实的工作，更要做好综合的务虚的工作。

第四，要迅速实现工作能力的转换。支行长面对的是一个独立的营业机构，需要有很好的全面把控能力。要努力从原来负责具体工作的状态中走出来，从整体上把握一个独立经营机构的运行。

如果不能及时恰当地进行角色转换，就会对履职造成障碍。相反，角色转换得越快，进入角色越及时恰当，就越能创造性地处理支行的各项事务，把支行的经营管理推上适宜的轨道。总而言之，越是具有高超经营管理能力的支行长，其角色扮演就会越好。

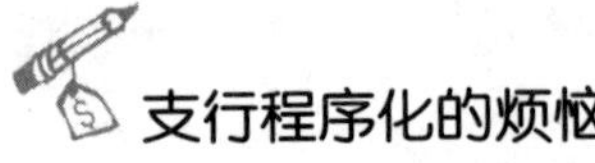

支行程序化的烦恼

瞿先生在任支行长之前是国有商业银行的市行办公室主任。他的文字水平较高，办事认真、兢兢业业，受到了领导的好评和同事的认可，被选拔为后备干部，派到支行进行锻炼。

但是他在市行干惯了办公室工作，到支行后什么都看不惯。他认为支行的管理混乱不堪，没有什么规则和秩序可言，导致支行长像只无头苍蝇一样瞎忙。

于是到任后不久，他便组织开展了工作秩序的整顿，对会议、请示、汇报、决策方式等都作了秩序化规定，并且带头严格执行。

自从他到任后，没人敢擅自进入支行长的办公室，有事必须先通过办公室请示后才能去见支行长，即使副支行长找他，也要电话预约，否则他就不接待。渐渐地，便没有人再愿意去他的办公室，除非是不得已的事情，否则都不会找他。而且他还要求所有的工作都必须先用文字报告的形式呈送或转发，相关人员要在文字材料上签署意见，逐层运转，以签字为准。

半年下来，支行在工作运转上似乎有了秩序，但是运转效率却变得非常低，急得有关领导和部门不断地抱怨和发牢骚，他与副支行长和员工的关系也日渐疏远。而一些急需处理的业务问题，也常常因为运转程序的问题而被耽搁下来，业务发展受到了严重影响，支行的排名不断下滑。

上级领导似乎也发现了这一问题，便找他谈话，告诉他支行与市行不同，人员并不多，不能用机关的管理方式管理。尽管他自己也认识到了这一问题，但是却一下子转不过弯来，也没有找到合适的方法来经营和管理支行。

一年后，上级领导来支行考察，瞿先生因为民意测评没有过关，被上级以不适合支行工作的理由重新调回市行，因此影响到个人职业生涯的发展。

从瞿先生的案例中我们可以看出，无论你过去多么优秀，在原有的岗位上干得多么出色，一旦你无法及时、恰当地实现角色转换，不能学会用支行的工作方法和规律处理支行的事务，优秀就只能成为过去时，甚至成为未来发展的障碍。瞿先生的个人能力实际上是没有问题的，问题就出在角色转换没有到位上。

让身心停留在过去，就是让当下一筹莫展。

支行的工作非常繁杂，几乎没有多少可以慢条斯理、很有秩序地去做的事情，多数都是即时性的工作，支行长不得不随时、快速地作出处理。而瞿先生却沿袭了过去在市行的工作思路，一味强调工作的程序化和秩序性，降低了工作效率，造成了他与支行工作氛围的不和谐。

当然，瞿先生强调工作的程序化和秩序性本身并没有什么错，错在他没有从支行的环境和角色角度去思考问题。而且他对支行的这种忙乱的状态很不适应，企图用自己的想法代替支行的工作规律，其结果自然不会乐观。

我们知道，机关工作的秩序性会比较强，办公室工作也很讲究秩序，但是不合时宜地把它套在支行的管理中，问题就是显而易见的。

强调身心的真正“过户”，就是要求把身心真正融入支行长这个岗位，真正从岗位环境和职责出发，进行思考、经营和管理。

作好岗位的“长线投资”

在支行长这个岗位上，“想”的方向对了，工作思路才会正确，执行起来才能前后兼顾，保证支行的长远发展。同时，支行长的眼光放得越远，工作就越有前瞻性，支行的发展空间才会越大。

如果支行长只知道从眼前利益出发，就很难作好长远打算，甚至会作出杀鸡取卵的决定，导致支行的持续发展能力不足。那样的话，不仅会给支行的发展造成许多困难，而且也会给自己的职业生涯发展带来许多不利影响。

根据监管当局的要求，每个支行长在一个支行的任职时间都比较短，这在客观上迫使他们要在短时间内做出成绩，因此有些支行长就会选择急功近利的做法。而且，在上级行看来，指标是支行长岗位成长的“硬通货”，指标的压力会让不少支行长难以静下心来思考支行的未来发展问题，他们所关注的是如何在最短的时间内做出业绩。

另外，从个人的角度看，一些支行长不愿意做岗位的“长线投资”，主要是基于以下几种原因：

第一，想尽快出成绩以示众人，特别是急于表现给上级领导看。

第二，没有把支行的岗位作为自己的事业来投资，总想立即“变现”。

第三，岗位选择的随机性和岗位工作时间的不稳定性使得一些支行长没有心思作长远打算。

第四，在一些人看来，对长远利益的投入是给后继者做的，得不偿失。

第五，没有把支行看作银行整体中的一部分，没有从全局出发看支行，而是就支行说支行。

优秀的支行长会把自己的岗位作为事业的出发点，着眼于全局，用长远的眼光看待支行的每一项工作，把支行的日常工作与全行的整体工作结合起来。

优秀的支行长是眼光长远的，他会把支行当作自己职业生涯中最重要的一个台阶去经营，因而能够在支行长这一岗位上做好“长线投资”。

优秀的支行长不会为眼前的利益所左右，而是把日常工作与未来结合起来，并把眼前的工作做得更深入、更扎实、更有长期效果。

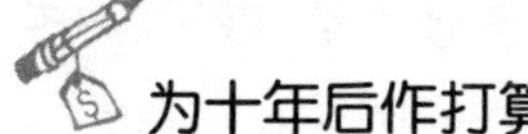

为十年后作打算

毕女士曾在一家股份制银行做支行长，由于她的工作比较出色，所以得到领导、同事和客户的一致认可。

她在任支行长之前，就对自己未来的职业生涯发展作好了相应的规划。走上支行长的岗位后，她又对此作了许多切实的准备。

她对支行的整体管理作了分类总结，并对自己的个人素质进行了跟进式提高。在担任支行长的三年多时间里，她不仅出色地完成了支行长的岗位工作，也完成了自己未来发展的准备工作。

又过了一年多，毕女士发现自己在支行长这一岗位上已经进入了发展的瓶颈期。于是，她果断选择了离开，转到一家小额贷款公司做总经理。

很多人不理解毕女士的选择，实际上她是在为十年后的自己作打算。

在担任支行长的几年时间里，毕女士充分利用岗位优势，作了很多有益的探索，并形成了自己独特的工作思路和管理理念。另外，她还作了许多知识、理论的学习和探讨，并考取了注册会计师资格证和工商管理硕士学位。当她发现自己在支行长的岗位上已经积累了足够的经验，并且这一岗位已经不再是能促进她个人职业生涯发展的平台的时候，她便开始为自己寻找一个新的平台。

选择到小额贷款公司去，对于毕女士来说是一种新的尝试，是她为自己找到的一个可以继续个人发展的平台，也是她为自己的职业生涯寻找到的新出路。

刚到小额贷款公司，毕女士便对自己作了三年、五年和十年规划，准备利用政策优势，把小额贷款公司做成区域内最好的准银行。

在不到三年的时间里，毕女士所在的小额贷款公司就达到了转制村镇银行的条件。但是由于政策限制，无法实现直接转制，她便以现有公司为基础，顺利筹备组建了独立法人的村镇银行。成为这家村镇银行的行长之后，毕女士又充分发挥一级法人的优势，合理利用政策空间来规划银行未来的发展道路。

两年多的时间过去了，这家村镇银行已经发展成为在当地颇有影响的独立法人银行，成为全省村镇银行发展的一面旗帜。

之后，毕女士对这家银行进行了新的五年规划，要把它办成一家经营规模达到当地银行中等水平、金融服务最好、整体素质最优的银行。

现在这家村镇银行的网点已经遍布区域内，这家银行和毕女士本人的知名度都得到了迅速提升，她个人的职业素质也经历了一次全新的蜕变。

现在，她所在的行长岗位已经完全不同于原来的行长岗位，她已经把关注未来纳入了自己自觉的职业行为系统中。

我们回头看一下就能发现，毕女士与很多支行长的最大不同，就在于她很好地利用了支行长的岗位为未来作了“长线投资”。

她在支行长岗位上的工作是十分出色的，因此她个人得到了领导和同事们的认可。同时，她为支行所创造的良好的业绩和未来，也使之后的继任者感到了一种无形的压力，那就是怎样做才能在这么好的基础上将支行发展得更好。可以说，毕女士在作为支行长工作的几年时间里，为支行的发展和个人的未来都打下了坚实的基础。

不要为一时的得失所左右。岗位上的“长线投资”既是为支行，也是为自己投资。

她从一开始就懂得，不能只顾眼前利益，要着眼于未来。她在支行长的位置上得到了自己应该得到的东西，并为以后的发展铺平了道路。尽管她没有在原来支行长的岗位上继续走下去，但是她后来的发展跟她做支行长时期的“长线投资”是绝对分不开的。

在人们看来，小额贷款公司的工作岗位或许不如支行长的岗位重要，但是对于毕女士来说，创业的过程让她个人的职业生涯丰富和生动起来，令她能够更好地实现自己的梦想。

找到自己的“核心客户”

“我应该对谁负责”是支行长必须首先回答自己的问题。

支行长要负责的事情很多，但是如果你没有抓住重点，忘掉了核心内容，那么其他的事情，无论你做得多好都会失去它应有的价值。

从经营的角度看，支行长作为服务的主体要面对不同的客户，而且每个客户都有不同的利益诉求，你不可能也不应该只用一种方式面对所有的客户，否则你谁也服务不好。

有人认为支行长的“核心客户”就是与支行有业务关系的单位和个人，这没有什么错，但这只是从银行业务的角度来观察。如果从更广的角度来看，特别是从内部运营管理的内容和角度来看，“核心客户”就应该是上级行及其管理者。

作为支行长，为业务客户服务无疑是岗位工作的一部分，但是能为上级行及其管理者很好地服务，你的工作才能做到点子上，才能更加有效地履职。

在银行的组织结构中，支行长是众多代理层次关系中最重要的一种。支行长的权力来自于上级行，行为代表上级行，因而支行长必须服务于上级行的工作，对上级行负责。银行的总体目标是为客户服务，因此为上级行负责本身就包含着为客户负责，这也与上级行对支行的要求是一致的。但是，仅仅做到这一点是不够的。

有人说自己是在为银行负责。这说得没错，但是谁能够代表银行？是给你“授权”的那一级领导。他们的目标才是你工作的评价标准。

有人说自己是在为事业负责。这也非常对，但是事业成功的标准是什么？不是你自己觉得干得如何，而是给你“授权”的那级领导认为你干得如何。而他们对事业成功的评价标准绝不会是单一的。

在现有的银行组织体系中，对上级行负责也就是对银行负责，对事业负责。因为上级行也是在对银行、对事业负责，而且他们所负的责任更大，更有全局意义。

有些支行长总是喜欢和上级行“作对”，特别是在上级行的意见与自己的想法不相吻合时，更容易出现抵触情绪，从而影响工作的效果和自己的发展。

优秀的支行长绝不是没有自己的见解，而是他们能够把自己的见解创造性地融入上级行的决策部署中去。

总之，只有找对你的“核心客户”，真心实意地为他们服务，你的工作才能更有成效、更有价值。

领导永远是对的

肖先生在一家城市商业银行担任支行长，在他的思想中，领导永远是对的。他常说的一句话就是：“领导总比咱想得远，想得周到。”工作中只要是上级行的号召，无论有什么困难他都会响应。

肖先生刚到支行的时候，业务开展得十分艰难。他用了近三年的时间，开拓了大量的区域外市场，做了大量的远程业务，并且在存贷款业务上形成了规模。

突然有一天，总行下达了业务属地管理的意见，要求各支行近期将所有业务做好属地移交。这对肖先生来说不啻是一个灾难，这意味着他多年的努力有可能全部归零。一时之间，他难以接受，想要找市行理论理论。

可是他很快就冷静下来。思考之后，他觉得上级这样决定肯定是有道理的，只不过自己暂时还不能理解和接受。他开始细心揣摩文件的内容，想从中找到答案。

经过了解和分析，他很快就从市场整体开发、营销成本、服务能力、综合管理等各个方面理解了上级的意图，并形成了积极配合上级总体部署的工作思路。

他先是迅速拿出了自己行在区域外的客户清单，做好明细，尽可能地为总行的工作部署提供详细的数据。然后他向总行陈述了各行之间如何过渡的方法、步骤和理由，并得到了总行的肯定。最后，总行根据他的意见形成了《市场营销清理整顿的办法》，并下发各支行。

在客户交接之后，他便带领区域外接手支行跑客户，主动做好客户的衔接工作，同时把一些与大客户打交道的经验介绍给新支行，从而保证了各项工作的顺利过渡，也没有发生其他支行在交接过程中出现的争执和各种问题。

由于他深入领会上级行的工作意图，并创造性地实现了上级行的工作部署，因此受到了上级行的好评和重视。并且，他主动细致地工作，保证了上级行的部署能够顺利实现，在很大程度上减轻了上级行的工作压力，成为领导可以倚重的对象。

从上面的案例中我们可以看到，肖先生在面对上级行的工作部署时，由刚开始的不理解到后来的理解并主动配合上级工作，推动上级工作部署的执行，从中受益的不仅是全行的工作，还有他个人的发展。

理解上级的意图不是一件容易的事，它需要有全局观念和思想深度。

认为上级总是对的，不是一件简单的、不经大脑思考的事情，它需要的是一个人的胸怀和智慧。能够坚决按照上级的要求去做，也不是一件轻而易举的事，它需要高度的觉悟和自觉的执行力。

如果肖先生没有很好地理解上级行的意图，与上级行据理力争或者消极抵抗，就会打乱上级行的工作部署，那不仅影响工作，而且也影响自己的个人前途。

因此，一个优秀的支行长必须把上级当作“核心客户”对待，从上级的角度看问题、办事情。只有这样，才能更好地服务上级决策和部署，更有利于全行工作的开展。

防止工作“逆差”

相信每一个支行长都想把工作做好，并努力通过工作业绩打造晋升的阶梯，但是要想把工作做得让领导满意甚至喝彩却并不容易。

有时候，领导的要求和自己的想法并不在一个方向上，这时候，越努力离领导的要求和期望就越远，就会形成一种工作思路上的“逆差”。

与领导想法的“逆差”必然带来工作结果的“逆差”。如何弥补这种“逆差”？其办法就是要认真体会和理解领导的意图，并使自己的想法与之靠近，而且要尽可能地让自己的做法和想法保持一致。

在一般情况下，想和做之间会有些差距，这些差距是影响工作效果的最重要原因。它们之间的关系在一个人的工作当中，常常表现为以下三种状态：

第一种状态是做的比想的好一些。这样的人能够深刻理解领导交办任务的精神实质，工作能够做到点子上，一般都会受到领导的重视。

第二种状态是做的与想的差不多。这样的人也能够理解领导的意思，但是做出的成绩不会超出领导的期望，领导一般不会把重大的事情交给他负责。

第三种状态是做的和想的都不怎么样。这样的人既不能理解领导的意图，也不愿意按照领导的意见办事，所以无论大事小事，领导都不会想到他。

造成以上三种不同状态的原因，往往不是个人素质和能力的差别，而在于有没有想好自己到底应该怎样做。

由于支行是全行各项工作任务的主要承载体，银行的总体工作计划往往是要通过支行来实现的，因此支行的工作特点之一就是千头万绪、应接不暇。如果支行的工作出现“逆差”，全行的工作就会受到影响，最终就会影响到总体目标的实现。

有些支行长在接受任务时喜欢拍胸脯、作保证，但是一旦遇到工作困难，发现工作计划难以顺利实现，便又急于向上级解释。

有做好事情的决心并没有什么不对，但首先要量力而行。如果这样接受任务容易、完成任务艰难，导致承诺不能及时兑现，其结果甚至比没有承诺、没有做工作还糟糕。与其说得很好却做得很差，倒不如少说多做，让事实说话。

工作中偶尔一次任务完成得不好并不能说明什么，但是，如果在想和做、说和做之间总是出现“逆差”，就不能不让人产生另一种评价了。

因此，防止工作上出现“逆差”，是每个支行长都要特别注意的问题。

不见兔子不撒鹰

老傅原来一直在国有商业银行市级分行公司业务部做总经理，四十出头才被派到支行做行长。

他很了解领导对他的期望，所以到了支行后，他一改以往的表现，不再像以前一样每次开会都说个不停，而变得很少说话，在做工作表态时也十分谨慎，常常寥寥数语，但是私底下的工作却从来都没有放松过。

从上级领回工作任务后，他会尽快布置下去，并要求提前完成，所以几乎每次工作任务他们支行都是最先完成的。每次上级行的例行检查，他们支行的排名也从未落后过。

后来人们慢慢意识到，老傅虽然话说得不多，但是工作上能够真抓实干。领导也感觉到了老傅的变化，过去喜欢“耍嘴皮子”的印象被现在“很务实”的形象替代。

在支行长的岗位工作有了一些基础之后，老傅便开始总结自己的经验，并试着把这些经验理论化。当老傅感觉自己的经验已经比较成熟之后，便开始找机会宣传自己的经验和思想。

此后，全行再有什么重大的工作任务时，他就会按照已经总结好的、成熟的工作经验开展工作，快速出成效。

老傅的理论化经验被成功地应用到了工作实践中，这使得他的信心大增，此后，他更加细心地总结每一项工作开展的经验，并不断提炼总结。

有一次，当全行就某一项工作推动进行总结时，老傅又开始滔滔不绝起来。大家都觉得他不仅有工作经验，能出成效，而且理论水平也很高。

领导也认为，老傅自从到了支行，工作能力和理论水平都让人刮目相看了。自此以后，老傅的威信逐步提高，在领导心目中的地位也不断提升。

后来，人们总想探听老傅工作经验的精髓所在，老傅总是神神秘秘地告诉他们说：“不见兔子不撒鹰”。

在当前的银行组织体系框架内，能够走到支行长这个位置上的人，应该说都是“人尖子”。谁都想高人一筹，但是能够像老傅这样沉下心来的并不多。他的这种工作方式，虽然看不出有多高明，但是确有值得借鉴之处。沉下心来，首要的任务就是少说多做，做出成效。

在支行长这个位置上，一定不要给别人开空头支票。你可以少做一些，但是你做的一定不能比说的少。

选准岗位工作的“投向”

支行是银行体系中的最基层，“上面千条线，下面一根针”，工作可谓是千头万绪。怎样在这纷纭复杂的环境中做好自己的工作，是一个非常值得认真研究的问题。

有些支行长面对上级部门安排的一切工作，无论轻重缓急都会全力执行。如果你能力所及，什么都照顾得过来，这样做当然没错。但是人的精力和能力总是有限的，不可能什么都懂，什么都能做好，想面面俱到的结果常常就是顾此失彼。那么，面对工作任务，支行长究竟应该如何分配好自己的时间和精力呢?

大致来说，支行的工作可以分为五类：

第一类，核心工作。在支行评价指标中有很高的权重，是必须要做好的。

第二类，重要工作。上级重视、员工关注，影响支行的经营管理水平的工作，必须想办法做好。

第三类，一般性工作。日常的、琐碎的，是支行工作的主要内容，要尽量做好。

第四类，辅助性工作。非日常的，既不紧急也不重要，但是一旦没有做又会惹来麻烦，需要尽力应付好。

第五类，无关紧要的工作。对支行的工作有些帮助，只要有空就要尽可能做好。

对于核心工作，支行长必须亲自动手或主持，不能有半点含糊，更不能出现失误，并努力做出成绩。

对于重要工作和一般性工作，可以通过授权和分权的办法来完成，让可靠的人代替你做，并运用评价来推动工作的完成。

对于辅助性工作和无关紧要的工作，可以交给能够承担这项工作的人来做，并提出相应的要求，令其达到一定的标准。

总之，支行长在面对千头万绪的工作时，只有选准自己的时间、精力和能力“投向”，才可能出成效、出成果。

俗话说：“将军赶路，不打野兔。”如果不把时间和精力用在最重要的事情上，就一定会造成职责履行不到位，造成不好的影响。

怕什么来什么

高女士是通过竞聘走上支行长的岗位的。走上工作岗位后，她一直想通过自己的不懈努力，赢得领导的信任和同事们的认可。因此，她总是小心谨慎地履行自己的职责，只要上级有任务有要求她都会不折不扣地落实。但是上级行发到支行的文件和指令几乎每天都有，这让她有些应接不暇。为了做好工作，她只好天天带着员工加班。

这样一年下来，她自己疲惫不堪不说，员工也都被没完没了的加班搞得不再有工作激情，什么事情都是能拖着就拖着。

另外，由于她每天都在忙着应付上级行布置的任务，因此她根本拿不出足够的时间和精力来做那些最重要的工作，其结果可想而知。支行的很多工作都完成得不尽如人意，尤其是市场营销工作。实现她竞聘时承诺的工作目标几乎成了奢望。

这样一来，上级行一些主要业务部门便对她产生了看法，认为她不足以胜任支行长的岗位。经常有人找到有关领导反映她的工作效果不好，工作能力有限等问题，那些在竞聘时看好她的领导也渐渐对她失去了信心。

年终考核时，她的各项工作成绩均比较靠后，总成绩排在倒数。在总结工作时她说："我之所以努力工作，就是怕自己的工作落在后面、让人瞧不起，可是没想到怕什么就来什么。"

我们不能说高女士对自己的工作不尽心、不认真、不负责任，但是她的工作效果却并不好。原因就是她没有选准自己的岗位工作"投向"。

她能够竞聘成功，说明她的工作能力并不差，但是她的精力和能力没有用到关键的地方，而是毫无重点地平均分配到了所有的任务上面，最后只能忙于应付。

想把所有工作都做好，这个出发点没有错，问题出在缺少有序的安排上。

"眉毛胡子一把抓"的结果是顾此失彼。优秀的支行长一定会把重要资源用在最关键的事情上。

高女士怕别人说不好，这种责任心值得赞赏，但是她的这种责任心用错了地方，或者说没有找到适当的方法去支撑这种责任心。说到底，工作是要看成效的，而她这样的工作成效是很难得到人们的赞赏的。

丢了西瓜捡芝麻，这是最得不偿失的一种工作方法。选准自己的岗位工作"投向"，安排好工作秩序，比什么事都亲自出马，面面俱到更好、更有效。

优秀的支行长不是要什么都想做，什么都能做，而是要把最关键的事情做好。

发挥自己的“强项”

众所周知，人的能力发展是不平衡的，由于天赋的影响和后天的学习，人的能力会确定地表现出自己的“强项”和“弱项”。

有的人说：“我没有强项。”这是不对的。人人都有自己的“强项”，重点在于发现和挖掘。

实际上，一个银行的普通员工能够走到支行长的位置，就说明他在工作中已经有意无意地发挥了自己的“强项”，并得到了人们的认可。

不过，在工作中没有找到自己“强项”的人也不在少数，有的甚至把“弱项”当作了“强项”。结果，不仅“弱项”没有强起来，“强项”也逐渐变弱了。有时，一个人的“强项”并不明显，还需要一个不断挖掘和积累的过程。但无论如何，找到自己的“强项”是做好支行长岗位工作的一门非常重要的功课。

当然，找到自己的“强项”还远远不够，还需要将“强项”充分地表现出来。如果自己的“强项”能够得到正常发挥，它就会变得越来越强。如果表现和发挥得不好，“强项”就会被埋没。

“强项”发挥利用得好，还会成为个人的职场品牌。一旦通过自己的“强项”形成良好的口碑，个人的能力和影响力就会被成倍地放大，各种资源就会向你聚拢，你所面对的环境就会得到改善，良好的工作条件也会更快地具备，工作的开展就会变得容易许多。

当一个支行长的“强项”得到了充分发挥，他个人会变得更加有力，他管理的支行会变得更加强大。

优秀的支行长一定是那种能够针对工作需要，找到自己的“强项”，并将自己的“强项”发挥得恰到好处的人。

让软的硬起来

马先生是一位军人出身的政工干部，退伍后进了一家地方银行工作。经过十年的打拼，他终于走上了支行长的岗位。

与那些“老银行”和科班出身的员工相比，马先生有许多先天不足，无论是理论基础还是业务能力，他都不敢和人家“叫板”。

实际上，上级领导把他放到支行长这个岗位上，看重的不是他的业务能力有多强，而是他身上拥有那些专家型员工所不具备的管理能力。

马先生到任之后便暗中盘算：究竟应该用什么方法来管理这家支行？怎样才能完成上级交给的任务，不辜负领导的期望呢？

他首先对自己进行了一番分析，找到了自己的“强项”和“弱项”。他认识到自己单靠拼业务肯定拼不过其他支行长，但是自己当过兵，对思想政治工作熟悉，这是其他支行长所不具备的。如果避己所短、用己所长，以长带短、以长补短，说不定会产生奇特的效果。

于是，他没有像其他支行长那样从抓市场营销入手，加强考核、分解目标任务等，而是组织开展了“我靠银行保饭碗，银行靠我谋发展”的大讨论，先从思想上拉近了员工与支行的距离，让员工在思想上把自己与支行捆在一起。通过教育和讨论，员工们真正认识到银行是自己的依靠，自己只有努力进取才能获得个人的发展，员工的主人翁精神被调动了起来。

然后他组织全支行中层干部竞聘上岗，确保“有知识、有能力、有人缘、有业绩”的人能够走上相应的岗位。这一下便让那些有能力、有抱负、积极努力的人看到了希望，员工的工作热情被空前地激发出来。

后来他又组织了“比业务、比业绩、比贡献”的岗位竞赛活动，大家争先恐后地想在岗位工作比赛中一显身手，全行的各项工作突飞猛进。到了年终考评时，马先生所在的支行综合排名进入了前三。

马先生的业务能力不是很强，他自己能够认识到这一点，这是一种自知之明。

自己懂什么，应该干什么，干什么能成，他的心里都很清楚。

业务能力上的缺陷并不是一下子就能弥补的，而懂得利用其他手段和方法来弥补这些不足，就是一种智慧。

很多人都把业务技术看成是“硬功夫”，甚至想通过自己的“硬功夫”来“攻克”一切。这在支行长的岗位上，并不是一个完全行得通的办法。因为支行长是一个以管理为主，至少是管理与经营并重的岗位。涉及管理，有时候软的比硬的东西更有用。

马先生正是用这些“软功夫”去带动和整合那些需要“硬功夫”的事务，不仅取得了预期的效果，而且效用更持久。这便是马先生懂得用己所长，发挥“强项”的结果。

准确为自己“定位”

支行长是行长中级别最低的，但其作用不可小觑，而且实际权力很大，所以有时又很容易自我膨胀。因此，给自己的工作定好位，是每个支行长一到岗位就应该解决好的问题。

在银行组织体系中，市以下的区县、区县级市的营业机构虽然都叫支行，但并不是各家支行都做一样的事，特别是在强调市场细分的今天，情况更是如此。

将自己所在的支行经营管理出特色，最能够显示一个支行长的能力和素质，而这就要依靠支行长对所在支行特色以及对管理工作的准确定位。

你要搞清楚上级派你来干什么，这是确定自己工作定位的基本出发点。然后，你还要把工作需要与自己的素质、能力、一贯的工作方法和行为习惯结合起来考虑，才能最终找准自己的工作定位。

概括来说，进行准确的定位，需要把握好四项基本内容：

第一，上级领导的期望是支行长工作定位的基本出发点。

第二，环境条件对于支行长工作定位来说，是需要认真对待和清晰认知的基本约束。

第三，经营管理特色是支行长工作定位的基本方向。

第四，个人能力是支行长工作定位的基本承载平台。

如果一个支行长的工作定位准确，他努力的方向就会比较清晰，工作的目标就会比较明确，管理的方式就会比较自觉，工作起来就会更加自主，工作结果就更加容易达成。

优秀的支行长一定是岗位定位比较准确，工作特色比较鲜明的。

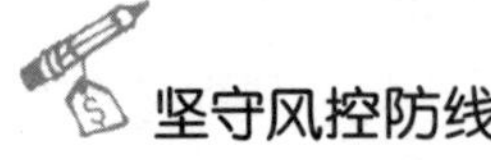

坚守风控防线

郭先生原来在国有商业银行的市分行风险管理部任总经理，在他完全没有预料的情况下，行党委宣布他到支行任行长。

领导找他谈话时说得简单明了，让他接受前任的教训，管理好风险，重振士气，让支行各项工作走向正轨。

郭先生接受任务后，认真了解了这一支行的基本情况。经过分析他认为，现在最重要的工作既不是营销客户，也不是增加赢利能力，而是处理好前任行长造成的风险和其他遗留问题，以及应付好很可能出现的新的风险。

他到任后，所做的第一件事情就是稳定人心，组织员工学习上级行的相关文件，讨论支行现状和出路，与员工共同研究支行未来的发展方向和措施。此举让员工感到了自己的主人翁地位，也让员工看到了支行未来发展的希望，打破了员工过去消极、报怨、无所事事的精神状态。

接着，郭先生制定了不良贷款清收办法，组织得力人员分线清收，一家一家走访问题贷款客户，查清了不良贷款原因，清收取得了良好效果。

在清收的同时，他还组织各岗位风险排查工作，梳理出一百多处可能发生风险的关键点，并据此制订了有针对性的风险防范预案，使各类风险得到了有效控制。

在内部管理基本稳定之后，他又组织员工走访客户，介绍支行的业务和工作情况。他们利用上班前和下班后以及节假日的时间上街宣传，组织客户参加联谊活动和参与社会活动，让社会更多、更真实地了解支行，使支行在大众心中的形象得到改观。

在此基础上，他们又推出新的服务项目和业务品种，使原来逐渐萎缩的市场又开始重现生机，各项业务也稳步地开展起来。

上级领导了解到这些情况后，给予了高度肯定，认为郭先生是支行中业务能力最强、工作最得力的支行长。年终考核时，郭先生被评为了“优秀支行长”。

不可否认，郭先生的工作能力确实非常强，但是比他的工作能力更强的，是他在工作过程中对工作重点的切实把握和准确定位。

只有通过准确定位，找到问题的根本所在并加以解决，才会收到“提领而顿，百毛皆顺”的效果。

如果郭先生一到支行就急切地抓存款、打市场、作业务拓展，而不考虑员工的心理状态，就不可能得到员工的支持。那样的话，不仅业务开展不好，还可能出现其他更大的问题。

郭先生的明智之处就在于，他经过冷静的观察和分析，了解了领导为什么派他到这个支行来，他未来工作的根本目标是什么，并找到了工作重点和突破口，从而有效地将工作逐步开展起来。

第二章

面对职责，“管”得明白

在支行长需要履行的职责当中，最重要的是怎样管理好一个支行，这比他自己做多少事情更重要、更有价值。

我们知道，不同的人会有不同的管理方法，有时不同的管理方法会产生不同的结果，有时也会殊途同归，但是基本的管理方式和管理原则是所有人都必须遵守的。

换句话说，一个支行长的管理方式会受到多种因素的影响，其中最主要的是他的思维方式、基本素质、工作能力、行为习惯等，这些因素综合在一起支配着他的管理过程，但是无论具体的管理过程多么五花八门或者花样翻新，都不能破坏最基本的管理规律。而且，基本的管理逻辑和管理程序必须符合所在行的实际情况。

从支行的管理经验看，好的管理方式必须要在以下几个方面下足功夫：

第一，要有正确的理论指导，并把这些管理理论恰当地融合到具体的管理过程当中，而不是仅凭自己的感觉，很主观地判定应该怎么样。

第二，确切把握基本的管理标准，用这一标准去衡量自己的哪些管理方式是对的，哪些管理方式是有问题、甚至是错的，进而让自己的管理方式符合相应的标准。

第三，迅速将管理经验理论化，形成相应的管理规律，让员工能够在日常工作中明确了解你的管理思想和管理逻辑。

第四，保证管理的一致性、连续性。需要规范化管理的事务不应出现管理上的特例，需要程序化管理的事务不应出现管理中的突变，需要情境化管理的事务不能只重结果不重过程。

第五，加强管理的执行力。要么不说，说出来了就必须管理到位。

第六，管理方法要因人而异、因事而异，不能用一套思路、一类方法、一种形式去管理所有人、所有事。

第七，注重管理的有效性。也就是说，管理的内容、形式、方法等必须要能够让人理解，而且还要容易被人们接受，尤其是不能让人产生误解。

第八，不要单就管理说管理，而要在经营中加强管理，在发展中解决问题，在探索中寻求突破，通过业务活动的渗透让管理达到“润物细无声”的效果。

对于支行来讲，文化是管理的最高层次，思想为管理提供支撑，制度为管理提供有效手段，业务则是管理的表现形式。只有当所有这些都能够正常发挥作用时，管理才能切实见效。

为正能量“充值”

人是支行最重要的资源，也是最重要的管理对象。

支行长是直接面对一线员工的。整个管理过程既需要熟悉管理理论，又需要切实的管理能力；既需要在思想上灌输，又需要在行为上规范；既需要把握大方面，又需要在小的方面细致入微；既需要严肃的批评教育，又需要耐心的呵护体贴；既需要对共性问题的整体解决，又需要对个别问题的个性化处置。

这种直接面对员工的管理，需要的不仅是科学化的“管”，而且还要有人性化的“理”。不但要让员工知道应该怎样做，而且要让他们愿意那样去做，去自觉遵守管理的要求，努力做好自己的本职工作。

其实，管理的核心内容就是充分发挥人的主观能动性，实现既定的组织目标。因此，支行的管理也应该关注员工主观能动性的发挥，在调动员工积极性、主动性、自觉性和主人翁精神上下功夫。

可是在实际工作中，强调严格管理的支行长很多，而懂得鼓励员工的支行长却很少，所以大多数支行长给员工的印象都比较刻板，总是“看不到笑模样”。

其实，每个员工都想做好自己的工作，只不过囿于条件和能力，有些员工虽然作出了努力却没有成果，有些则是力不从心。越是这种时候，就越需要支行长给予他们帮助和鼓励。比如为员工“吹喇叭，喊号子”，这种正面、积极的管理方法是最容易为员工所接受的。

员工的工作激情一旦被激发出来，获得的正能量一旦积累到一定程度，他们的主动性和创造力将是不可估量的。

管理实践告诉我们，几乎没有哪个员工从一开始就想把工作做砸，或者没事就想跟领导对着干。令员工丧失工作热情的往往是那些不懂得鼓励的领导。而优秀的支行长一定会不断为员工的正能量“充值”。

我相信你会做得更好

吕女士刚到一家支行任行长的时候，前任支行长告诉她，员工小刘的工作态度最差，什么工作也不想干，还整天惹事。她到任后了解情况时，发现其他员工对小刘的看法也大致如此。

为此，她特别留意观察过小刘，发现她工作时的确不主动，还常常出错，而且动不动就请假，与同事的关系也不是很和谐。

面对这样的员工，应该如何管理呢?

一次，吕女士发现小刘的工作状态很懈怠，便马上走过去，关切地问道："我看你现在很忙，有什么需要我帮助吗?"第一次受到这样的关心，小刘用惊讶的眼神看着吕女士，一时不知说什么好，眼睛却有些湿润了。

吕女士似乎从小刘的眼神中悟出点什么，便找她谈心。她先是肯定了小刘的工作，帮她分析自身工作的优势和劣势，一起讨论寻找可以改进的重点，并明确地告诉她："我相信你会做得更好。"

小刘好像一下子看到了希望，重新树立起信心，工作状态有了很大的改观。

从那以后，只要小刘在工作中有一点起色，吕女士都会及时给予肯定和表扬。

小刘在不断感受到激励的同时，心情变了，心态变了，对同事和领导的态度变了，工作效率和效果也变了。

同事们也感受到了小刘的变化，对她的态度同样发生了变化。而同事态度的变化对小刘来说再次起到了正面激励的作用。如此一来，小刘与同事之间逐渐形成了一种良性互动，小刘的精神面貌和工作状态都得到了彻底的改观。

小刘由原来的不愿意工作到抢着工作，由不合群到主动帮助大家做事情，由对工作应付拖拉到认真负责，个人的工作水平和能力也提高得很快，在完成了各项工作任务的同时还考取了在职硕士研究生。

三年后，小刘成为这家支行的业务主管。

小刘并不是一开始就不想把工作做好，也不是没有能力，她的消沉可能是很多原因造成的，不过吕女士清楚地知道，要想让小刘振作起来就必须给她注入正能量。人一旦得到激励，并从激励中看到希望，他就会自我放大这种激励的效果，直至达到预期的目标。

所以说，人的转变最重要的是思想的转变，吕女士正是抓住了这个重点，才使小刘自内而外地实现了自我改变和升华。

要想把员工管好，就必须从思想入手，从精神着眼，从心态启动。

具体来看，她并没有对小刘的品质和行为作出过特别的评价和管理，而是通过谈心的方式，从心理上解决小刘对自己以及支行工作的认识问题，然后不断地在工作中给予关注和鼓励，启动其内在的能动性，最终收到了比管、卡、压等严肃的管理方式更自然、更持久的效果。

一个人的正能量一旦形成，自我推动力也会随之形成。如果能不断地给其正能量“充值”，这个人就会不断向好，不断创造新高。

优秀的支行长就像是一张正能量的“充值卡”一样，不断为员工的正能量“充值”。

只有支行长有足够的正能量，支行这个团队才会有正能量，相互之间才能为彼此“充值”，整个团队才能在互动中得到提升。

让“软力量”产生“溢价效应”

从人的角度看，内驱力比外驱力更有效果。

从管理的角度看，精神激励比物质激励更重要，“软力量”比“硬力量”更强大，适用的范围更广，作用力更持久。

在金融企业里，文化建设一直被叫得很响，但很多银行的文化都只顾从上往下硬灌，而不顾是否落到实处，因此所谓的文化建设到了支行后可能就只剩下一个空壳。

处于银行组织体系中最基层的支行是文化落地的关键部位，但是能够真正看重文化建设的支行长并不多。

很多支行长也知道企业文化这种“软力量”的作用，也不能说他们不愿意搞文化建设，但是面对支行繁杂的日常事务，似乎就是腾不出手来做，也没有下功夫去研究这项工作。

一般来说，支行长不重视文化建设的原因有以下几条。

第一，文化建设不是一对一地解决问题，一些支行长不知道应该如何操作。

第二，文化建设在解决问题时难以立竿见影，一些支行长更着急处理眼前的事情。

第三，文化建设中最重要的部分是无形的，一些支行长感到没有信心能够把握好。

第四，要想把文化建设抓出成效，需要比较长的时间。一些支行长觉得这些成果的收获者很可能不是自己而是继任者，因此缺乏动力和热情。

第五，从文化建设的角度实行管理比较难，一些支行长不愿意为这种看不见、摸不着、说不清、难见效的事情花费时间和精力。

的确，文化建设见效比较慢，但是其效果是自然而持久的。假如能够把文化建设很好地融入到支行的日常管理中，管理的效果必然会成倍地加强。

文化管理一旦生效，其“溢价效应”就会非常明显。各项工作会在这种“软力量”的推动下进入自动运行的状态，管理起来就会轻松得多。

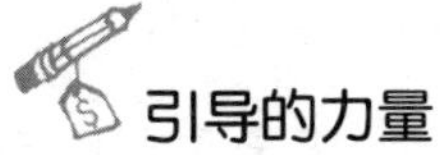

引导的力量

益先生是由市分行办公室主任调任支行长的。到任后他便开始寻找新的角度来研究支行的管理，希望能从业务范围之外找到一条更有效的管理方法。

他研究总结了从以前的领导那儿学来的工作方法，试着将企业文化建设结合到支行的管理中，即从更高、更大的方向上引导员工，而不是刻意地管理员工。

当时，上级行正在推行“依法管理事出有典，民主管理事行有根，科学管理事决有据”的管理理念。益先生想将这种理念化为全行职工的自觉行为，形成支行文化，但是他没有选择进行教育灌输之类的工作，而是把这一理念寓于具体的管理工作中，用引导的方法让员工接受这一理念，他自己也力图在管理中把这一理念变为自觉的行为。

凡是有人向他汇报请示工作，召集大家共同研究问题时，他都会问：“有法律法规和文件规定的根据吗？”参与者如果说不清楚，他就会请大家一起查找规定的出处，即使简单问题的判断和处理也必须要找到根据。

凡是作决定，他都要召集人员讨论，鼓励大家畅所欲言。刚开始大家不敢多说话，他便要求每个人都必须发言，然后把大家的意见集中在一起，说得对的就采纳。这种方式在最大程度上保证了各项决策的正确性。另外，由于大家的意见受到了重视和采纳，大家也很愿意参与，执行起来也更加自觉。

对于有些决策，他还会要求有关人员拿出能说明问题的数据来，而不是大家拍拍脑袋、主观决定，更不是个人独断。

比如支行遇到的人员不足问题。按照有关规定，在支行营业期间，柜台不能关闭，不能排长队，可是支行人员不足，《劳动法》又明确规定员工的休息时间和权利。面对这个问题，益先生积极组织大家讨论解决办法。他让人对业务流量进行统计，发现上午10点至12点，下午3点至5点时业务最忙，其余时间则客户不多。根据这个情况，大家最后一致认为应该在业务不忙的时间段里少设柜台。他根据大家的意见，在业务少时安排1柜值岗，业务稍忙时安排2到3柜值岗，业务繁忙时安排3到5柜值岗，以此解决了现有人力不足，难以倒休的问题。

他坚持用这种管理理念引导大家，一年以后，这一理念就成了大家的自觉行为。工作中自作主张、自行其是的人没了，总给行长挑刺的人没了，用数据说话变成了员工的行为习惯。

现在一说到工作，大家就情绪高涨，一说到任务就摩拳擦掌，一说到问题就找资料、查数据、作分析，全行上下都鼓着劲儿想把事情做好。

从表面上看，益先生并没有管理什么，但他的管理效果却是极好的。

益先生是一个懂得体会人心的领导，知道比起让人管，人们更愿意被人看重，愿意参与，愿意在群体活动中有话语权，愿意体现自己存在的价值。他正是通过给大家参与讨论和决策的机会，从而让新的观念逐步融入人们的心理和行为当中。

比起“硬力量”，“软力量”能够产生更加持久的作用力。

尽管这种管理方式在一开始费了一些时间和周折，但是一旦全员的观念和习惯形成，后续工作的推进就会自然而然，不再需要特别的推动和强调。

人们思想和文化观念的转变是一个渐进的过程，益先生顺应了这一规律，实现了员工思想观念的渐进式转变。他从企业文化建设的角度出发，通过引导来规范员工的行为，激发员工的工作积极性，实现了“软力量”的“溢价效应”。

给工作附上“编制说明”

我们说过，支行的工作是十分繁杂的，有些支行长总是要亲自过问所有日常事务，结果被缠得无法脱身，把自己累得够呛，工作效果也不见有多好。

为什么会出现这种问题？原因主要有三点。

第一，有些支行长是从具体业务岗位选拔上来的，养成了什么事都自己做的习惯。

第二，有的支行长对员工不放心，不敢把重要的事情交给他们做。

第三，有的支行长认为员工不如自己做得好，不如自己做着顺手痛快，所以就事必躬亲。

的确，有时员工做的事情是没有达到支行长的要求，但是这并不仅仅与员工的工作能力有关，也可能是因为支行长在安排工作时没有附上“编制说明”。

支行长在给员工安排工作时，一定要告诉员工这项工作的意义所在。这样，员工工作起来才会有方向感和使命感，才会更加积极主动。员工只有知道了为什么工作，才会知道怎样工作，才容易与支行长达成共识，自觉实现工作目标。

希望本身并不能直接导致结果，如果你希望员工达成某项工作目标，就应该恰当地对他们说明，可以考虑用什么方法，采用什么流程来达到这个目标。只有这样，员工才能有所遵循。

有些支行长在布置工作时，只告诉员工要做什么、要什么结果，却没兴趣或者不愿意把与工作相关的情况向员工说明一下，有时甚至只是用硬性任务来要求员工。这样是非常不利于工作的顺利开展和完成的。

支行长一定要学会用一些形式和方法把自己的思想、观念、方法等传达给员工，并让员工真正理解自己即将面对的工作。我们银行总习惯于给数据报表之类的东西附上一份“编制说明”，其实支行长在布置工作时同样也可以附上一份类似的“编制说明”。

给工作附上一份“编制说明”，不仅能够让员工理解这些工作和任务，更能让他们知道应该以什么样的状态去完成这些工作和任务。

优秀的支行长不仅关注工作本身，更关注工作的意义和给员工成长带来的价值。

积累你的职业资本

陈先生刚到支行时，常常为员工的主动性和责任感发愁。

他经过一段时间的观察发现，几乎没有哪个员工愿意多做一点事情，即使做了也多是应付了事，支行长的很多时间和精力都放在了检查督促员工工作上。

刚开始，他有些不明白，不知道员工为什么会这样。后来，经过一段时间的学习、观察和思考，他终于找到了问题的关键所在。

现在的员工和过去的员工有很大的不同，比较强调个性和个人利益，对集体和团队的事情都不怎么上心，也没有为组织、为他人负责的习惯，很多人只满足于完成本职工作。

陈先生问自己：员工为什么要对你安排的工作尽心尽力，为什么要为你这个领导负责，为什么要为所在的集体付出和贡献？

当他发现自己无法回答这些问题的时候，便开始努力寻找这些问题的答案。

他首先从员工的切身利益着眼，个别布置工作任务。每次作任务交代时，他都会告诉员工这项工作对其个人成长有什么好处和作用，让员工意识到支行是个人成长的平台，工作是个人成长的机会。这样一来，大家把支行的工作与个人的利益挂起钩来，每个人都感到自己在为支行工作的同时也是在为自己工作，于是工作的主动性有了很大的改观。

有些员工只想完成自己的本职工作，此外什么也不愿意负责，更不用说为他人做点事情了。对此现象，他没有采取简单的说服教育的办法，而是组织每日讲评，表扬先进，让员工感到在为支行为他人负责时积累的是职场人脉，是在增加自己的职业资本，不愿意负责的人是不会得到大家的认可的。

后来，他总是把工作交给那些工作努力、愿意负责的员工，这些员工通过工作的锻炼，能力有了很大的提高，在岗位选拔时总是能够获得“先手”。这便再次让大家感到努力工作、承担责任对个人成长的意义。

相反，当员工犯错误时，他对员工的惩罚就是不让其工作，剥夺其积累个人职业资本的机会，让其在个人职业发展中失去竞争力。

当员工充分认识到工作的重要性时，便开始抢着工作，主动负责。于是，拖拉、推诿、应付等问题都得到了有效解决。

陈先生所在支行的人都知道，主动工作对自己有很大的好处，争先恐后已成为这个支行的一种风气。从此，陈先生再也不用为没人愿意工作而发愁了。

员工之所以不想工作，是因为他们还没有从根本上认识到工作对于自己的真正意义。

一旦懂得了工作的真正价值，工作就会变成一种乐趣。

陈先生并没有对员工进行过多的说教，而是通过日常的管理让员工感受到努力工作、承担责任对自身的价值。

陈先生的理性管理，促进了员工的理性工作和理性发展，他坚信只有让工作对每个员工来说有意义，他们工作起来才能有劲头，才能想办法做好工作。员工知道了为什么这样工作，工作对他们来说就不再是一个沉重的负担。员工能在工作中享受快乐和成长，支行则收获了效益和发展。

及时更新“操作系统”

前些年，国人比较推崇科学管理，强调规章制度等条条框框的约束力。但是规章制度如果过于教条，在具体执行过程中便难以收到应有的效果。

在支行，规章制度涉及人、物、事的方方面面，如果不顾每个支行的具体情况，完全按照上级定下的规矩和要求去管理，就等于是硬性配置了不适合支行的“操作系统”，就可能因此使管理失去效能。

那么，为什么有些支行长不结合本行的实际，及时更新“系统”呢？原因主要有以下几条。

第一，上级行的制度规定已经相当复杂周密，一些支行长觉得不需要自己再动脑费力去做。

第二，怯于上级行的权威，不敢随意改动制度规定。

第三，缺少独立的思考，没有形成自己的管理思路，不知道该怎么办。

第四，怕自己另外制定的条条框框员工不接受，给自己的管理增加麻烦。

支行是上级行工作部署的承担者和落实者，只有结合本行实际，提出自己的管理办法和规章制度，才更有针对性、更加有效。

完全照搬上级的管理方法和规章制度，虽然方便简单，但不一定是最切合实际的管理。要形成本行独特的管理办法和规章制度，就必须根据本行情况，对上级行的各项管理规定进行具体的细化和调整，形成特色化管理。

只有不断更新“操作系统”，才能实施最有效的管理。

只有最具支行管理特色的“系统”，才能管理出最优秀的支行。

让规章制度“版本升级”

吴女士刚到支行时，发现所有的管理制度都是上级行发下来的，厚厚的几大本，根本没有人看这些制度，在管理中也没有真正按照这些制度来执行。

于是，她研究、整理了这些管理制度，将需要用到的内容分为三个部分。

第一，基本管理办法。这部分涉及管理的方方面面，都是支行当前急需的内容。

第二，细化工作制度。这部分涉及日常岗位工作的基本要求。

第三，员工素质要求。这部分对员工的基本素质和专业要求做了明确的规定。

这三部分内容都是支行员工切实需要了解和掌握的，加起来只有十几张纸，很快就能看完。如此一来，员工在学习和掌握这些规章制度时就觉得很方便了。

在此基础上，她每个月都组织员工讨论这些规章制度，有时会结合当前的工作和管理需要添加内容。员工不用再学习灌输就能很好地掌握这些内容。对于那些不适应支行工作需要的制度和要求，她会征求员工的意见后再予以删除。

当有些条款内容过多时，就说明这一条对工作和管理来说已经非常重要，她会再组织员工讨论，确认这一制度的重要程度，从原有的制度中分离出来，形成新的、独立的制度。

由于员工参与了制度的制定和执行，因此这些制度执行的阻力就很小，每个员工都把执行这些制度看作自己必须要达到的基本要求。

现在这个支行的管理制度还是这三个基本方面，但是有些重要的制度已经相当细化，可是员工并没有感到这些制度的烦琐，而是每说到这些内容都能娓娓道来。

支行的管理也随着规章制度“版本”的升级和员工执行力的升级不断提高，吴女士觉得自己的管理水平也有了很大的长进。

吴女士没有照搬上级行的管理办法和规章制度，而是在工作中形成了一套自己的管理方式，经实践证明，这样做是卓有成效的。

制度管理是支行的基本管理方式，照抄、照转上级行的制度要求，不能算错，只是不能切实从本行的实际出发，其效果一定会大打折扣。

做善于动脑，善于把上级行的指示精神和管理思想创造性地贯彻到支行管理过程中的管理者。

吴女士的过人之处就在于，她真正理解了上级行的制度规定，并将这些管理方法和制度规定中适合支行的部分梳理出来，而且她懂得让员工参与其中，大家一起根据不断变化的情况，对各项规章制度进行“版本升级”。这样一来，管理者的管理水平和员工执行力得到了同步升级，最终实现了管理效能的提高。而这正是一个优秀支行所要追求的目标之一。

顺应人性“规则”

人本管理也叫人性化管理，它是现代管理中一种充分注重人性要素的管理模式。在支行的实际管理中，能够贯彻其管理原则并收到成效的并不多。

一些支行长总想让员工顺应自己的性格、喜好和工作方式，强制员工服从自己的命令，而不考虑员工的想法，一切只求达到自己的工作目标。这样做的工作效果往往是不好的，因为它背离了人本管理的原则，完全忽视了员工在工作中合理表达自我的内在需求。

还有一些支行长只从自己的角度出发，在工作中对员工的行为和品质进行简单粗暴的假定，并由此推断出自以为严格、有效的管理方法，而不是真正依靠对人性的认识来作出合理的管理判断。

我们都知道，人性中既有善的一面也有恶的一面，严格的管理或许可以抑制员工的一些不好的行为，但这并不是根本的、长期有效的做法。人本管理主张以激励为主，即扬善。一旦人性中好的一面被激发出来，不好的一面就会得到抑制，员工心中善的本性就会成长起来，对待工作的态度也会焕然一新。

以人为本，就是要做到从人本身出发，遵守人性的规则，不要只把员工当作需要管理的对象，而是要实实在在为员工想问题、做事情。

支行作为银行管理体系中的基础部分，需要依靠员工进行管理，要更多地让员工参与到日常的管理中来，才能让支行的工作真正见成效。

在员工中过分强调自己的权力，或者炫耀自己的权力，会导致员工反感，最后往往政令不通。

另外，如果支行长过分相信自己的个人能力，而忽视了员工在管理中的作用，甚至拒绝让员工参与日常管理，就等于是把员工摆在了管理的对立面上，从而形成不必要的阻碍。

实际上，无论哪一种管理都需要有群众基础，远离员工的管理，还有针对个别员工的管理都是不科学的、错误的。

柳宗元的《种树郭橐驼传》中说得好，“顺木之天，以致其性焉尔”。种树如此，管理亦如此。只有顺应人性的管理，才能“管”出一个轻松高效、快乐严谨的支行。

制度就是员工的自律

何先生到支行任行长后发现，支行的许多制度都不是很完善，针对性不强，他便在怎样完善制度上动起了脑筋。

他没有急于对制度进行修改和完善，而是先进行调查分析，在完善这些管理制度有了一个基本的思路后，按照轻重缓急制订了一个修改完善的时间表。

然后，他与员工一起讨论管理制度完善的问题。在讨论中，他对员工提出的问题并不急于表态，而一旦讨论到他想要修改完善的内容，他便会马上给予肯定。这样一来，讨论到最后大家的想法就基本与他的想法相吻合了。

接下来，他选择一名员工担任管理制度的执笔人，并由大家推荐两至三名员工参与制度的修改完善工作。这几个人得到整个支行的认可，可以代表大家行使制度制定的权力。

初稿完成后，何先生会过目一遍，先肯定大家的责任心和为此付出的劳动，然后再与大家讨论。在讨论过程中，他真实表达自己的看法和想法，一般都得到了大家的认可，这使他的管理思路能够很好地融入新制度，成为其中的一部分。

由于新制度的制定有广泛的群众基础，因此修改完善后的制度经全体员工讨论时，一般不会有什么反对意见；表决通过后的执行也没有太大难度，很少遇到阻力。

对日常管理中一些有针对性的单一制度，他一般都会让在这个制度的执行上有问题的人担任起草人。这个人在起草该制度的过程中，会通过反思自己日常工作中遇到的问题，提出一些切实有效的解决办法。在多数情况下，制度还没有成型，起草人的执行问题就已经得到了解决。

所以，从某种程度上来讲，制度起草的过程就是一个自我反省、自我教育的过程。

当这一类制度表决通过后，他便指定那些有类似问题的人，负责制度的日常监督、检查和落实工作，令他们在监督管理别人的同时也自然而然地约束好自己。

在何先生所在的支行，员工几乎都参与了管理制度的制定和执行。他们通过这个过程，充分理解了制度制定和执行的意义，工作变得更加自觉。

何先生的管理大体上与其他支行长相似，而且他也非常重视制度的制定和执行。他的不同之处在于，他了解人性“规则”，能够让这些制度执行得更加顺畅。

面对各项规章制度，员工首先考虑的不是自己能不能做到，而是这些制度是用来干什么的。如果是针对他们、管他们的，那么无论这个制度对错与否，他们都会有一种不舒服的感觉，便会在心理上产生抗拒。

让大家参与制度的制定，就是为了增加员工对制度的认同感，这是打消员工抗拒心理的最好方式。一旦他们参与其中，便会自然而然地成为制度的执行者和监督者。

优秀的支行长一定是对人性把握得相当准确的管理者。

有的支行长一到任，就拿出一大堆新制度来约束大家，尽管这些制度并不是针对哪个人的，但是总会有人与这些制度对着干。

何先生的聪明之处就在于，他把员工对制度的不良情绪都消化在了制度制定的过程中，把每个员工都培养成制度制定和执行的推动者。

灵活“加载”业务指标

支行承载着全行经营目标落地的责任，把管理搞好说到底是为了促进业务的发展。

离开业务目标，管理就等于是无的放矢。而且，员工的成长也是在业务发展的过程中实现的。假如一个支行长不能带领员工实现业务发展，那么不管他有多少管理的招数，都是不可取的。

不过，业务的发展不是一蹴而就的事情，而是一个慢慢积累的过程。支行长在管理时，应根据实际情况给员工“加载”相应的业务指标，让员工在这个逐渐“加载”的过程中提高业务能力，实现业务的发展。

有些支行长觉得自己的能力很强，不愿意把指标压在员工身上，还认为这是为员工着想。其实，这样一来，员工就失去了非常重要的锻炼机会，使其业务能力的提高受到影响。

有些支行长为了实现简单的平衡，就把各项业务指标平均分下去。结果反而造成了不平衡的局面，增加了行长与员工、员工与员工之间的矛盾。

还有些支行长在业务指标的分配上有私心，不是从员工实际能力出发，而是搞远近亲疏那一套，按关系给员工分配不同的业务指标。结果，员工不愿接受，支行也因为各种矛盾而处于管理的混乱状态。

给员工灵活地“加载”业务指标，不是要随心所欲，而是要让员工理解不同的任务状况、不同的岗位职责以及员工个人能力的差别。让员工理解承担业务指标不仅是为支行做贡献，也是为自己的成长找机会。

员工理解了承担业务指标的意义和目的，积极性才会被调动起来。了解了岗位及能力的差别，才能由被动接受逐步变为主动自觉地“加载”。

这样一来，支行内部就会形成一个争先恐后、共谋发展的工作氛围。

有了这样一个氛围，员工就会被团队“你追我赶”的情绪推动，先进者的步伐会更快，后进者也会被带动着，想办法紧跟上来。

业务指标“加载”的过程正是支行团队精神形成的过程。优秀的支行长总能适时地为员工“加载”业务指标，提高员工能力，推动员工成长。

我相信你们有办法

邹先生是从国有商业银行跳槽到一家新开业的股份制银行任支行长的。他面临的第一件大事就是要把业务做起来。

邹先生选择了贷款拉动的方式来与客户建立联系，放款便成了那一段时间的主要工作。当时负责市场营销工作的只有三个人，他便与这三个人没日没夜地工作，但是仍然难以实现他制订的工作目标。

他开始有些急躁，几乎要对员工发脾气。但是很快他就平静下来，认识到这个时候如果在员工面前表现出急躁情绪不仅于事无补，而且还会因为挫伤员工的积极性而影响目标的达成。

他静下心来仔细分析了一番后发现，业务指标的“加载”方式有问题。他只是让员工看到了任务的紧迫性以及所面对的巨大压力，却没有为员工提供一个应对压力的方式。

经过考虑，他把贷款处理流程分成了三段：前段为市场开发与信息收集，中段为文案与处理，后段为审查与放款。

他与一名客户经理负责前段工作，并故意放慢了客户信息的提交速度，为后段的处理留出时间。然后，每隔几天就比前期增加一个客户的处理量，随着前段提速，后段的工作也以同样的速度进行了处理。

随着市场开发速度的加快，业务处理量越来越大，后段处理的人员又感到有些吃不消，他就与这几名人员一起研究讨论，寻找解决的办法。

经过大家的讨论分析，真的找出了一些解决问题的办法，他便立刻给予鼓励："我相信你们有办法解决这些问题。"

通过这种不断"加载"的办法，这家支行不仅完成了业务目标，客户经理也得到了强化训练，在这段时间里，每个人的业务能力都得到了较快的提高。

在上面的案例中，我们看到邹先生对客户经理的指标"加载"，还仅限于业务量的增加和办理速度的提高，其实无论是业务结果、工作质量，还有个人素质，都可以通过"加载"的方式来实现。

如果邹先生不是通过这种逐步"加载"的方式来实现业务量和办理速度的提高，而是硬性加压，那结果不仅很难提高，甚至还会出现下降。

银行的经营指标年年都要增长，支行也要承担这种任务增长的压力。但是，如果硬性地让员工承担这些任务，他们的抵触情绪就会很大，会抵消那些支撑任务完成的正能量。

业务能力的"加载"最好是一个循序渐进的过程，而不应该是突然的压力。

对员工自己来说，没有指标当然更好，有一些指标压力也能接受。但是，如果他们面对的是靠自己的努力和能力无法完成的任务，他们就会放弃这种努力。

邹先生正是通过这种渐进式"加载"的方式来实现业务的推进和员工素质的提高的。

用数据来鞭策

推动业务发展和员工成长的方法有很多，考核是其中最常用、最便捷、最有效的方法。如果完全没有考核便无法形成压力，没有压力便没有动力，没有动力便没有执行力。

考核的原则是，要什么考什么，想达成什么样的业务目标就考核什么。它具有较强的引导作用，你想让业务向什么方向走就做什么样的考核。

另外，考核的过程也是工作评价的过程。在这个评价的过程中，员工不仅能知道自己该干什么，干得怎么样，还会知道自己因为什么获得了肯定，受到了什么激励。

考核必须具有整体性。如果过分偏重某一方面，就会出现业务发展中的畸形，从而形成业务风险。而且，考核不应该是笼统的，应该分清考核的种类和项目，让员工清楚自己在哪些方面做得好，哪些方面还存在不足，并明确改进的方向。

具体到支行来说，考核应该以定量为主，定性考核为辅：让定量考核评价员工的能力和结果，让定性考核评价员工的品质和发展能力。

由于考核是一组科学严密的数据组，是最能够用事实来说话，能够让员工心服口服的方法。并且，支行虽然实行的是行长负责制，但考核不是行长对员工的个人评价，而是支行全体员工参与的民主评价管理的过程。在全体员工参与考核的全过程中，数据就像一根无形的鞭子，凡是没有如期完成业务指标的员工都会感受到它的压力。

合理的考核对支行工作的推动作用是毋庸置疑的，重要的是看支行长有没有通过考核引导、推动支行工作的意识和能力。

考核不应该是一次性的，更不应该年终“算总账”，而要特别注意日常考核和与日常考核相结合的日常管理。日常管理的工作做得越好，阶段性考核才越有价值。真正有效的鞭策正是来自于用数据说话的日常管理。

考核评价的日常管理核心内容是结果反馈、改进商谈和过程指导，通过这些活动不仅让员工认可考核结果，还能够让员工找到自己的不足和改进的方法，从而更好地完成业务指标和实现个人工作能力的提高，推动员工职业生涯的发展。

我更看重的是贡献

赵先生刚做支行长时，沿用的是原来的考核办法，即只考核每个员工所承担的业务量。

运行了一年后，他发现，这种考核办法容易对工作造成不好的影响。员工只注重个人业务的完成，忽视相互之间的帮助与配合，没有谁愿意关心全行的整体工作水平，团队精神和岗位协作明显不足。这明显对全行的持续发展不利，他便考虑通过新的考核办法来改进和弥补这些不足。

他在解释考核问题时提出了一个观念：我们更需要看重的是贡献。

怎样实现这种考核呢？把所有相关的考核内容数据化。他把这个问题提出来，组织大家讨论，最后出台了一个全新的考核内容：

第一，在工作过程中，你主动为其他同事做了哪些事情，提供了哪些帮助，为他人减轻了哪些工作压力和工作负担。

第二，在工作过程中，你采取了哪些主动配合的办法，保证了同事工作的顺利进行和工作质量的提高。

第三，面对工作中的问题，你与同事作了哪些具体的讨论和研究，使问题得到了有效解决，并提高了工作质量。

第四，你为全行的工作提出过哪些合理化建议，哪些建议被采纳后收到了良好的效果，解决了大家关注的问题。

第五，你对工作中的经验和教训作了哪些总结，哪些经验教训对同事和全行的工作起到了指导和借鉴作用。

第六，当全行工作出现压力时，你作了哪些突出的努力，具体做了哪些事缓解了同事的压力，提高了大家的工作效率和工作质量，产生了相应的效益。

第七，当同事产生这样那样的思想和心理问题时，你给予过哪些恰当的支持和疏导，及时帮助同事走出生活和工作的艰难时刻。

内容初步确定之后，他们便开始设计相应的考核流程，用计分的方式把这些内容折合到整体业务指标考核体系中，并确定了相应的权重。

大家从这个考核方法中发现，仅仅自己完成工作任务，并不能让自己在整体考核中处于领先，只有对全行的贡献率提高了，才能更加突出自己在全行工作中的地位，并且能够得到更高层次的认可。

这一考核内容实施后，那些平时注意对全行贡献的员工得到了鼓励，只顾自己做事情的员工受到了影响，考核的引导激励作用很好地表现了出来。

一年后，这个行的风气有了明显的变化，成为上级行“团队建设”的一面旗帜。

赵先生很清楚地知道考核对工作的鞭策作用，但同时也知道只有合理、适用的考核才能真正做到这一点。

所以，当他看到工作中出现的种种弊端时，便果断放弃了旧的考核制度。在制定新考核制度的过程中，他充分考虑了该考核应该对业务目标所起到的推动作用，把贡献率树立为最重要的考核标准。他还充分组织支行员工对新的考核制度进行讨论，使其能更加全面有效地贯穿到实际工作中。

不仅要懂得数据的意义，而且要能够用数据来鞭策员工成长。

我们可以看到，好的考核制度在支行长手里就像一根魔棒，能有理有节地处理问题，避免工作过程中的各种矛盾，能让大家心甘情愿地跟着走。

其实很多支行长对工作的想法都是好的，但他们往往缺少驱动的手段，这就是对考核的作用认识不清和把握不准造成的。

作为支行长，要有想法，更要有办法，恰当地考核是一个值得用足的好方法。

第三章

面对事业，“干”出成果

对于支行长来说，银行就是自己事业的平台。怎样利用这个平台干好自己的事业，是一件需要认真思考和规划的事。

面对事业，首先要有好的精神状态，精神萎靡的人事业也会不振，但是仅有良好的精神状态，而没有其他必需的素质，仍然是干不好这份事业的。支行是实际工作的承担者，要干好这份事业必须要有品行、才干和业绩共同支撑。

被上级看好、有发展前途的支行长，一般都具备让人信服的品行，让人赞叹的才干，以及让人瞩目的业绩。品行、才干、业绩就像是叠加在支行长身上的三个圆，交叠的部分越大，他就越能承载更重要的责任，就越能为大家所看好，个人的发展就会越快。

其中，业绩是人们最关注的部分，也是人们评价支行长最实际的标准。没有业绩，无论你说得多么好听，多么有才干，品德多么高尚，都难以被人认可。业绩就像支行长岗位上的一株鲜花，人们首先看到的就是它，然后才可能去关注支撑着鲜花的根系是否发达，枝干是否粗壮，绿叶是否肥硕。或者说，如果希望别人注意到自己的其他方面，就得让业绩这朵鲜花开得更加灿烂、更加引人注目。

在支行长这个岗位上，一定要找到相应的途径把业绩做大。唯有如此，才可能有理由、有底气面对银行这项事业。

但是，业绩不是凭空产生的，想取得好的业绩、成为优秀的支行长就必须做到以下几点。

第一，全身心地投入工作，得有要干就干得最好的精神状态。

第二，要有真本事，并且能够把本事用到正确的地方。

第三，要敢于承担责任，善于解决棘手问题。

第四，注重工作效果和效率，不懈怠，始终做整体工作的推动者。

第五，说到做到，让领导、员工、客户放心。

第六，不断加强自我约束，提高工作水平。

能够这样“干”的支行长不仅可以成就自己的优秀，还能够不断地优秀下去。

“续存”职业精神

一个银行职员能够走上支行长的岗位并不容易，他的职业精神一定比其他人更强，职业能力更高超，工作更有成效。然而，走上支行长这个岗位之后，有些人就会松懈下来。而且这本身就是一个十分劳神的岗位，想要长久地保持良好的精神状态也是不容易的。所以，不断“续存”职业精神就成了支行长岗位修养的重要课程。

支行长是支行具体事务的管理者，如果缺少明晰的工作思路，就容易被日常烦琐的事务性工作所缠绕，时间一长就会筋疲力尽，难以打起精神处理重要的工作。

支行长日常迎来送往的事情非常多，常常酒场、会场、牌场一场接一场，跑场子跑得晕晕乎乎，能够保持应有的职业精神实在不容易。

职业精神是支行长带领员工积极进取、开拓创新、全面完成上级交付的责任和使命的重要精神支柱，一旦支柱倒下便无法立身，更谈不上干事业了。

职业精神的核心是职业理想。一个有理想的支行长才能高擎起理想的旗帜，带领全行员工充满激情地向着未来进发；一个有理想的支行长才能带领支行的团队把眼前的工作与银行的未来发展结合起来，从银行的整体利益着眼，做好自己的本职工作。

支行长如何对待工作，员工就会学着如何对待工作。优秀的支行长一定会把工作看作自己的生活的一部分，把自己的心灵和汗水融入其中。

一个人要成就一番事业需要一种顶天立地的气概，一个优秀的支行长也必须拿得起、放得下，乐于负责、敢于负责、能够负责，把承担责任看作自己生存的真正价值所在。

支行长的职业作风会直接影响全行的工作作风。一个雷厉风行的支行长带出的团队也一定是生龙活虎、敢打能胜的一群好汉。

职业精神在繁杂的日常工作中也会出现损耗，在支行长的岗位上一旦工作日久，工作的激情就会逐渐消退，甚至精神萎靡。一个支行长要想持续地优秀下去，“续存”职业精神就显得异常重要。

优秀的支行长一定会在工作的过程中不断进行自我激励，不断光大自己的职业理想，保持良好的职业态度，刷新自己的职业责任，改善自己的职业作风，始终以良好的精神风貌面对无休无止、繁杂琐碎的日常工作。

没有过不去的坎

田女士刚到支行任行长不久，就遇上了一件难缠的事。

一位客户听说银行的贷款可以核销，贷款到期后就是赖着不还，多方做工作也不见成效。

田女士多次找他，这位客户就是不见，还给她捎过话来，说“新官不理旧账”，如果田行长能把这笔贷款帮着处理了，他一定够意思。

田女士知道后哭笑不得，便找人搜集这位客户的资料和行踪，摸清了他的行动规律，便随时出现在这位客户的面前。这位客户自知理亏，先是应付着，可是贷款却一直没还。

一次她给这位客户打电话，对方说在外地，她知道客户在一家会所陪别人娱乐，便来到这家会所等。这位客户一下楼梯发现了田女士，转身就去了洗手间。田女士随即跟了过去，一直在洗手间门口等，直到这位客户实在不能再待下去了，才出来向田女士道歉，并答应一周内把贷款还上。可是一周过去了，贷款还是没有还。田女士打电话与他联系，他还是不接电话。田女士真的急了，想找个机会给这位客户施加点压力。

一天，她打听到这位客户正在与一位领导吃饭，她便来到这家饭店，径直来到包间说，听说领导在这里用餐，就来给领导敬杯酒。客户看了这阵势，既尴尬又害怕。悄悄叫出田女士商量还贷的问题，并写下了还款保证书。

田女士又回到座位，拿出了这位客户写的保证书，笑着对大家说：“今天大家都在，都见证了方总是个讲信誉的人，等方总还了贷款，我在这里宴请大家。”

当时在座的领导脸色不大好看，也有几分尴尬，因为这笔贷款就是他介绍的，他故意问这位客户：“还款还有问题吗？这事你可不能掉链子。”

三天后这笔贷款终于收回来了。

这笔贷款的收回并没有什么技术含量，完全是职业精神起的作用。

在高水平比赛中，胜者常常不是因为技术过人，而是缘于精神不倒。

正是田女士这种不屈不挠的精神让这位“赖贷者”屈服了。

在很多难事面前，有时并不需要多么高超的能力和复杂的方法，只要你的精神不败，什么难事都不难解决。

像田女士面对的这种客户并不少，很多人对这些人没办法是因为他们认真的程度、坚持的强度、决不罢休的力度不如田女士。

面对困难，时间一长，人就容易懈怠，因此需要“续存”持续消耗的职业精神，以维持面对困难的信心和勇气。

田女士的成功就在于她在借贷对峙的僵持中，坚持得更久。

职业精神的角力表现在具体事件处理和整个工作的进程中。

别让本事“闲置”

支行长岗位是一个很好的职业平台，它既能够推动个人的成长，又能够展示个人能力。但是有些支行长没有利用好这个平台，以至于表现平平。

一般来说，能够走上支行长这个岗位的人，其个人素质或水平都是可以拿得出手的。那么，为何会表现平平呢？这恐怕还与做事的方式有很大关系。

有的支行长走上岗位后，没有根据岗位需要及时学习新的东西、弥补自己的不足，还是以原来的工作方式、方法来处理支行长岗位的工作，结果可能就会力不从心。

有的支行长个人能力确实很强，这些能力在自己独立工作时常常表现超群，但是要带领一个团队，便困难重重。要知道，在支行长的岗位上，你拼的不是个人独立工作能力有多强，而是协调大家工作的能力是否够强。不是一种能力多么独特，而是综合能力能否配套。如果这些能力和素质不配套、不协调，就会影响整体的发挥，有些能力可能还会处于“闲置”状态。

能力“闲置”不仅是个人职业资源的浪费，也是组织资源的浪费。不仅影响个人的发展，也影响组织目标的实现。

在支行长的岗位上，不论你具备了哪种能力和素质，都能找到相应的地方发挥其作用，有时它们甚至会影响到全行的工作和发展。

要想让自己的能力发挥相应的作用，就必须找到合适的方法和途径。这些都是需要个人在岗位工作中不断去摸索的。

有人说，支行是一个矛盾比较集中的地方，矛盾常常会妨碍支行长某些能力的发挥。这话说得没错，但同时我们也必须认识到，支行长的综合素质及能力往往就体现在对这些问题和矛盾的处理上。

有时，支行长的工作会严重“偏科”，一些能力能够得到发挥，而另一些却被搁置。能力如果被搁置太久，就会在繁杂事务的挤压下渐渐弱化甚至丧失。这种能力的“闲置”实际上是一种岗位损失。这种损失甚至是金钱无法弥补的。

优秀的支行长不仅不会让自己的本事“闲置”，还会让自己的本事增值。

时尚咨询专家

孟先生喜欢研究时尚问题，对箱包、饰品、化妆品等都有一些研究，也愿意与人们谈论时尚话题，因而被大家称为“时尚咨询专家”。

一次他请一帮朋友吃饭，席间一位女士的香水味引起了他的兴趣，他有意无意地说出了香水的香型、产地、特点等一系列问题，让在座的人非常惊讶。

这位女士即时向他咨询了香水、化妆等一大堆问题，他的回答让这位女士频频点头，其他人也听得津津有味。

从那天起，这位女士就成了孟先生这家支行的忠实客户。

从这件事上孟先生看到了懂得一些时尚问题的价值，便更加注意对流行时尚问题的学习，真的把时尚问题的交流当作他重要的营销手段。

由于他知名度的提高，找他的老板渐渐多起来，他总是不厌其烦地给他们讲流行时尚，还主动帮助他们买时尚用品。

有一位老板要买一台好车，让他帮忙看一下，他说：“不急着去，我先问你，你为什么要买一台好车，而且为什么要买这款车，你最看中这款车的哪些特点，你了解这款车有哪些缺点吗?”

一连串的问题把这位老板问得有点发愣，他确实没有仔细想过这些问题，他带着疑惑和求助的眼神看着孟先生，不知如何回答。

孟先生告诉他：“如果这些你都没有想清楚，那么你为什么要买这款所谓的好车呢？说不定你花了那么多钱买来没几天就后悔了。”

这位老板点头称是，孟先生便和他一起讨论买车的用意、适宜的品牌、基本性能和要求等，确定了品牌和价格后才跟这位老板一起去看车。

现在孟先生的客户只要买时尚流行的东西，特别是在他们看来比较重要的东西，一定要请孟先生给他们参谋参谋。

一些客户还常常带朋友来找孟先生咨询，这便成了他开发新客户的渠道。

在客户眼里，孟先生不仅是他们的合作伙伴，还是最愿意帮忙的时尚专家。孟先生也因此吸引了一大批忠实客户。

一说起本事，很多人都会自然想到金融业务能力、市场营销技巧、经营管理素养等直接与银行工作相关的知识和能力。这确实是非常重要的，因为没有丰富的银行知识和相应的能力也不可能走上支行长的岗位，但是只依靠这些知识和能力却又是不够的。

用单一的知识和能力对待工作，就像用单一的化肥对待植物，自然难以结出累累硕果。

孟先生的这个本事好像离支行长的岗位工作比较远，但是他用得巧妙，不仅这种本事得到了提高，而且在工作中充分发挥了作用。

有些支行长不屑于不相关的知识和能力的积累，甚至认为这是不务正业。其实，没有没用的知识和能力，只是没找到可用的地方和方法。只要运用得法，任何知识和能力都不会“闲置”，都会发挥相应的作用。真正优秀的支行长绝不可能让自己的本事“闲置”。

不让难事“逾期”

有人说，当支行长要有筛子的心眼、垃圾筒的胸怀、千斤顶的承受力，既要做到大事不糊涂，又要做到小事不放任。可见，在支行长的位置上，想把各项工作摆布好、做到位，确实很难。

唯其难，支行长的位置才显得重要。如果因为难就推诿、拖延，甚至上推下卸，耽误工作，那么你就是一个失职的支行长，不仅得不到上级的信任，也得不到员工的拥护。

上级有了难事，一般都会交给支行长来承担责任和处理解决。支行长首先要有敢于担当的精神，才有可能把难事处置得恰到好处。

上级交代的难事不管有多难，最好都不要“逾期”，因为这或许正是上级领导考验你的时候。经不住考验的人便很难被委以重任。

另外，本行的难事最好不要上交，而且还要尽量解决得漂亮。因为这些难事几乎都是上级领导和本行员工最看重的事，解决这些难事的过程也是一个支行长最受关注的时候。

有时，支行面对的难事很多，要想不让难事“逾期”，那就必须把事情按重要程度排序，按轻重缓急加以恰当地处理，尽可能取得好的效果。

不让难事“逾期”，是支行长能力的一种体现，也是其能力提升的机会。难事在规定的时间内做得越多，完成得越好，以后就越容易应对更加复杂的局面。

支行长要学会面对难事，通过处理难事来历练和表现自己，让自己越来越优秀。

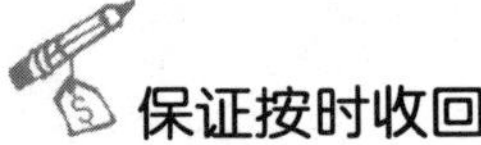

保证按时收回

时间已经接近年底，孙先生突然接到上级行的通知，要把上级行做的一笔业务划到他的支行实行属地管理，目的是在年底前按时收回这笔贷款。

孙先生感到了工作的难度，也明白上级行的用心，他决心不能因为自己的工作影响全行的报表和监管指标。于是，他马上进入状态，了解这笔贷款的情况，做好贷款收回的准备工作。

根据上级行提供的情况，该企业老板的还款意愿不是很强，同时债务链也出现了一些问题，现金流与债务匹配不合理。

根据这些情况，孙先生马上开始做外围工作，摸清企业间的合作关系与债务关系，分析了该企业还款的可能性和存在的难处。他先找到这家企业老板，与老板协商，帮助老板从未来合作的长远考虑，主动想办法解决贷款归还问题，首先调动起了这位老板的还款意愿。

接着孙先生又从这笔贷款的形成入手，找到了介绍这笔贷款的政府领导，并说明了利害关系，特别说明了这笔贷款能否近期归还对这位领导的影响，并设身处地为领导着想，提出了一些切实可行的办法，通过该领导来推动这笔贷款的收回。然后他以该政府领导的名义找到贷款担保人，说明了这笔贷款归还对这位领导的政治意义，以及对担保企业与银行合作的长远意义，调动起了担保企业催促贷款企业还款和帮助贷款企业想办法还款的意愿。

最后他又帮助贷款企业一点一点地落实还款资金，终于使这家企业两千多万元即将逾期的贷款在最后时刻还款到账。

在清收这笔贷款的过程中，他好话说尽，点子想尽，在二十多天的时间里几乎马不停蹄，用他自己的话说，就像被“扒了一层皮”一样。

他之所以这样尽心，一是觉得这事有难度，正是表现自己工作能力的时候；二是因为上级把难事交给了自己，是对自己的一种期望和信任，一定要做好。

孙先生在难事面前确实有了不俗的表现，因而也得到了上级领导的好评，也为他个人职业生涯发展积累了资本。

银行的难事有很多，不良贷款清收算是比较棘手的事。孙先生面对这样的难事不推诿、不胆怯，敢于承担，积极作为，最后结果非常完美。

敢于担当而不让难事“逾期”，这一点最能表现出一个人的优秀。

难事不同于一般事务，一般性的工作方法常常难奏效，所以有时需要一些特殊思路。孙先生为解决这一问题不知想了多少办法，做了多少次预演，经历了多少个不眠之夜。

孙先生在解决这笔不良贷款时，按照预先形成的思路，一环扣一环地开展工作，把每一种可能都做成预案，让事情按照预定的方向发展。

解决难事最需要的就是难得的胆量。一般人都愿意给领导送人情，而不愿意领导让他负责任。有的人甚至驳领导面子，让领导尴尬。孙先生在这件事上表现出了难得的勇气和智慧。

面对难事还必须要有坚持的信心和勇气，稍一松懈就可能前功尽弃。孙先生的可贵之处就在于他敢于迎难而上并坚持到底。

让岗位“增值”

支行长是一个含金量很高的岗位，岗位“增值”是上级行和员工对这一岗位的基本期待，也是很多支行长对自己的期许。

岗位“增值”对上级行来说，就是为本行创造出更多的业绩。你要让上级觉得，派你到这个岗位上来，能让支行的现有资源被更加充分地利用起来，你所创造出的业绩能对本行的整体发展更加有意义。

对员工来说，岗位“增值”意味着，你的工作能够给大家带来更多的好处，能让每个员工感到自己在这个支行工作与其他支行员工的付出差不多，但是收益却更高。

对支行长自己来说，岗位“增值”就是个人职业能力的提高，口碑的形成和职业生涯发展的向好。

但要注意的是，岗位“增值”是就现有资源来说的，并不是你去提要求说还需要什么资源，然后给你配置资源之后所获得的那种增值。上级希望的“增值”是支行长能够就地取材，创造业绩。

“增值”也不是自以为做到就可以的，而是能让大家实实在在看得到的，是个人职业能力的提高。要让员工看到支行长展现应有的个人能力和水平，为支行带来好的效益。

“增值”还需要有好的带动作用和持续能力，没有人希望看到现在是在“增值”，却给后续的工作带来许多麻烦。比如，有些支行长常用时点、置换、替代等方式制造虚假业绩。或许这些虚假业绩在短时间内不会有人在意，但假的就是假的，终归是无法发挥长远的支撑作用的。一旦支行长被调离岗位，各种问题就会接二连三地出现，这种“增值”实际上是自毁前程。

创造业绩难，保持业绩也不容易，这就需要支行长作好长远打算，需要有通盘考虑问题的能力和眼光，以保持支行的均衡发展。

优秀的支行长应该认真研究岗位“增值”的要求和方法，充分利用现有的岗位资源，实现岗位能量的不断放大。

给自己建个纪念碑

钱先生到城区支行任行长时间不长，各项业务刚刚走上正轨，分行就交给他一项任务：由他全权负责建分行办公楼兼城区支行的营业场所。

建成一座三万多平方米的建筑，这对他来说是一个无比巨大的压力。他不是怕时间紧、任务重，而是怕自己辛辛苦苦把楼建起来，名声却倒了。

他心里明白：给分行建楼，多少双眼睛在盯着他看。基建是一件矛盾集中的事，摆不平就会不可收拾，再加上业务指标压力大，弄不好会影响自己的主业。

如果自己挂个名然后把工作交给别人，就算分行不怪罪，他自己也不放心。最后，他下了决心，与其犹犹豫豫不如全力做好。“就算给自己建个纪念碑吧！”他这样想道。

他认真理了理思路，决定把业务和基建两项工作结合起来做。

他不断与分行领导沟通，就风格、标准、格局等问题一项一项落实，全面了解领导层的想法，取得他们的认可。然后他又一遍遍找专业人员审阅图纸，进行细部的详细设计。

对所用的材料，他带领基建办公室的全体人员一项一项过目比对，确保材料与设计要求一致，并让基建人员紧盯，防止建筑材料被偷梁换柱。

到内装修阶段，他一间一间地看，按照房间的预配方案，找使用人一间一间地落实，共同研究沟通，直到满意为止。

各办公间在配置家具时，他都让有关人员把家具按相同尺寸画在相应的位置，由使用人确认，研究沟通认为合适后，再进行装配。

在办公楼建设的过程中，有很多人找过他，想要参与办公楼的建设，他都表示欢迎，积极介绍他们参加招投标，并与一些找过他的人建立了良好的业务关系，有些已经成为支行的忠实客户。

承建办公楼不仅没有影响他的业务发展，还给他带来许多新的客户，给他找到了一个新的业务发展领域。

通过两年多一丝不苟的努力，办公楼顺利交付使用，直至今天人们一说起这座办公楼，就会说起钱先生。它真的成了钱先生职业生涯的一个纪念碑。办公楼交付使用半年后，钱先生也由支行长被提升为分行的副行长。

古人说“烦使之而观其能”，意思是让一个人处理繁杂的工作，以此来检验他的才能。钱先生能够在基建后成为分行的副行长，足以证明上级领导在他承建的过程中看到了他的能力。

一般单位建设这种大型的建筑物时都要组建专门的班子，可是钱先生却在需要兼顾两项任务的情况下，高质量地完成了基建工作，同时也完成了一次品质极高的岗位“增值”。

“楼起来，人倒下”是常有的事，钱先生却在“楼起来”的同时让自己的职业生涯也在成长，这不能不说是一个出色的岗位“增值”案例。

岗位“增值”的方法有很多，关键是要找到准确的切入点。

在此案例中，“给自己建个纪念碑”应该是钱先生最重要的岗位“增值”源泉。

在钱先生身上我们看到了一个支行长在思想、品德、思路、方法、实干等各种素质融合在一起创造的岗位“增值”的过程。

岗位工作决不“延期支付”

银行工作的计划性和时间性都很强，支行是保证上级计划完成的关键节点，因此，在支行长这个岗位上是不允许出现“延期支付”的。

但是，职场也有“三年之痒”现象，支行长们在走上岗位的最初几年还能够兢兢业业地做事，一旦在支行长的岗位上长期不往前挪，就会出现“职业倦怠症”。

惰性人人都有，但是支行长毕竟是处于银行基层权力的顶端，如果缺少监督，惰性的滋长将难以抑制，甚至会发展到不可收拾的地步。

除了必要的监督之外，支行长还必须具备自我激励的能力，只有这样才不会使自己陷在不良状态里。

有的支行长在日常工作中打不起精神，在急难险重的工作任务面前缺少斗志，或者在是非面前怕负责任，这些都会对支行长岗位职责的履行产生严重的危害。

有的支行长在走上这一岗位之前经历了长时间的奋斗，一旦走到了支行长这个位置，自己的奋斗目标实现了，便开始对未来感到迷茫、不知所措，不再有奋斗的激情。

还有的支行长在工作中经常受到上级的批评，而且他们长期工作量过大，承受着比其他员工大得多的工作和精神压力，因此很容易因为信心受挫而失去工作的动力。

有的支行长在工作中非常努力，想通过这种努力获得快乐和提升，但有时不管自己如何尽心，却总是得不到领导的赏识和员工的认可，时间一长，情绪便会低落下来。

工作上拖延，不能按时完成上级交办的任务，便是以上这些情绪的直接表现。工作中出现过几次拖延之后，拖延的习惯就会慢慢形成并最终固定下来，因为在与支行长经常发生直接工作关系的人当中，很少有人能够当面指出并督促其改正这个毛病。

拖延的毛病一旦形成，人们看他的眼光也会改变。比如，会慢慢变得不再对他抱有希望，尤其是当领导也对他不抱希望了的时候，他个人的职业前途便岌岌可危了。

优秀的支行长从来不会对自己的岗位工作进行“延期支付”。

别给人家耽误事儿

曲女士是支行长中资格比较老的，但是她在经营管理上一点都不“显老”，仍然给人一种十分干练的感觉。她的秘诀就是时刻告诫自己“别给人家耽误事儿”。

因为支行长的工作涉及从经营到管理的方方面面，哪一方面想不到都会耽误事。为了避免自己忙中造成遗漏，曲女士把所有的工作按照紧急和重要两个维度进行了排序，保证了工作的秩序化。

对于核心的市场业务指标，曲女士每个月都会按照客户分类进行一次调整，然后按照稳定性核心客户、铺垫性工作客户、拓展性开发客户、保障性指标客户的分类开展工作，以保证市场业务的稳健发展。

她从不为凑数或充数去找客户，而是按照自己的规划和预先的安排有节奏地开展工作，以保证业务指标完成的连续性和自主性。

她把各项工作都做在前面，目的就是防止突然出现的变故，或者出现各项经营指标不稳定的情况，而影响自己指标的正常完成。

这样，她正常维护的稳定客户都是忠实客户，她就可以把工作重点放在客户再开发上，以保证业务量的稳定增长和业务基数的稳定。经过她长期工作后成为基本客户的部分叫作保障性指标客户，业务增长就主要是依靠这些客户。

她一直坚持按照客户分类的次序提高工作频度和力度，客户开发的过程和指标的提高都非常稳定。

她的这种工作方法，让几乎所有可能发生的问题在发生之前就得到了妥善解决，因而在她的工作中从未出现过冲指标的问题。

她的工作方法在客户中也形成了良好的口碑，得到了客户的认可。她从来不会因为临时性的任务找客户，客户感到与她打交道比较轻松。

有时，客户会提出一些临时性需求，她一般也不会因此打破自己的工作节奏，而是想办法通过其他渠道予以解决，因此她也与兄弟行和同业建立了良好的工作和伙伴关系。

此外，为了防止上级突然压任务，她经常找上级领导和部门沟通，提前了解信息，或做工作消化这些突然降临的压力，努力把临时性任务变为正常工作。

她在三个支行做了近十年行长，从来没在工作中误过事，她所在的支行也总是被上级行评为“标杆行”。

曲女士的工作方法看似简单，其实很难做到，关键是要每时每刻都不松懈，有规律、有秩序地做好每一项工作和每一个细节。

无论是上级下达的业务指标还是交办的临时性工作，都需要扎实的工作基础、细致的工作安排和强有力的工作推进能力。

像曲女士这样把工作准备到位，就会少许多突发性事件，工作就会变得有条理、有秩序，不会整天忙于应付，也不会出现工作拖延的状况。

但是能够这样理智工作的人并不多，特别是在支行长这个位置上，整天事务缠身就更难以做到，这就需要支行长工作思路的整理和工作方法的改善。

按时或提前完成工作任务，是一个支行长必备的能力和素质。

要有针对性地处理好导致工作拖延的问题，要像曲女士一样抓住主要矛盾，按照工作规律处事，形成独特的工作节奏和秩序，这样就不会出现工作忙乱的问题，当然也就不会“给人家耽误事儿”。

履行岗位“信用承诺”

当一个人走上支行长的岗位，就意味着对岗位作出了承诺，这种承诺虽然不是法律文书式的，但是这种承诺更重大、更郑重。

相信每个参与竞聘支行长岗位的人的初衷都是想把工作做好，即使没有书面的岗位承诺，他们的心里也会有一个令自己激情澎湃的责任承诺。

但是当真正履行这些承诺时，情况可能就会是另一个样子。它与自己的初衷会有一定的距离，甚至大相径庭。特别是当工作遇到困难和挫折的时候，最初的承诺就会变得虚弱起来，甚至唤不起当初的激情。

当上级交给的工作任务没有完成时，有的人第一时间想到的不是自己应该负起什么样的责任，而是急着在客观环境和条件上作文章。

有的人因为难以完成过去作出的承诺，于是夸大那些困难，为自己没有履行承诺寻找借口。

还有的人不仅忘记了当初自己庄严的承诺，而且还企图夸大别人的过错，推卸自己的责任。

这些都是不能遵守“信用承诺”的表现，一个好的支行长绝不会这样。

走上支行长这个岗位，就意味着必须无条件地为支行的一切负责。即使在这个支行发生的某些事情与你无关，但在责任分配上，仍然有你的一份。

所以，人们常说，支行长上岗是带着头脑和肩膀来的，不仅要用头脑管理，还要用肩膀担起责任。假如走上岗位之后就把誓言和责任丢在脑后，这样的人不可能成为优秀的支行长。

银行是信用经营者，支行长如果不能履行自己的承诺，那么在社会、客户、上级、员工中就会信誉扫地，更不要说做出成绩来了。切实履行自己对岗位的“信用承诺”是一个支行长的基本职责所在。

优秀的支行长不仅会努力践行自己的岗位承诺，还会不断为自己的承诺增加新的内涵，扩充新的内容。

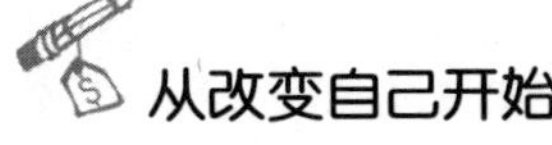

从改变自己开始

安先生被派到一家业绩一直比较落后的支行任行长。领导找他谈话时希望他能够尽快改善这个支行的管理状况，改变其落后面貌。

他没有多说什么，只是表示自己将按照职责的要求做一个称职的支行长，带领全体员工尽快赶上来，不辜负领导的期望。

一上任，他就发现这个支行在管理中的各种问题：人心浮动，纪律涣散，内部关系紧张，市场营销乏力，各项工作开展困难重重等。

在第一次与员工的见面会上，他就郑重地表示自己要首先做出成绩来，给大家一个交代，要对得起他的职责和良心。

从表面上看，安先生并不是那种大刀阔斧的人，他做事慢条斯理，讲究标准和规则，而且他很少批评员工，总是面带微笑，乐于倾听别人的意见。

对于他来这个支行任职，两位副支行长并不看好。他们认为好几茬支行长都没有把这个支行弄好，他的本事也并不比前几任强。

但是，结果却出乎他们的意料。

安先生决定从上班考勤和业务差错抓起。他经过与大家讨论后确定，凡是员工没有按规定上下班，业务出现差错，他都跟员工一样受罚。

规定出台后，大家并没有当真。可是每一次出现类似的问题，安先生都真的拿出与员工一样的钱来作为罚款，并在员工会上作深刻的检讨，承担自己的责任。

大家一看支行长这样，果然都有所收敛，但是仍然有大大小小的问题出现。安先生并没有责备大家，仍然坚决执行已定的制度。

一个月下来，安先生的工资大部分都交了罚款，这下大家坐不住了。仍有类似错误出现的员工，主动找到安先生作出深刻的检讨，表示一定会管好自己，绝不会再出错误。

后来，再有人出现什么错误，不用安先生说，大家就会提出批评，个别屡犯错误的就会遭到大家的围攻，怪他给支行长找麻烦。

在不知不觉中，大家的思想和行为都出现了意想不到的变化，都争着为怎样把支行工作做好尽心出力。很快，全行各项工作都有了起色。

一年很快就过去了，年终考核时，安先生所在的支行已经达到了中等偏上的水平，上级行对安先生的工作给予了充分的肯定。

安先生在管理上好像没有什么特别之处，但是在自己身上下手狠一点又是非常特别之处，这是一般人不容易做到的。

如果安先生还是用制度约束的“狠”办法，员工自觉买账的可能性反而不大。但是他反过来拿自己开刀，先对自己“狠”起来，结果就变成了最能服众的好办法。

能兑现自己承诺的人，才能更有效地办事。

安先生在自己利益受损的情况下仍能坚持下来，这是他的管理方法最终取得成功的关键。

员工并不难管理，难在管理者能不能管住自己，能不能信守承诺。想做优秀的支行长，就一定要学会把自己的承诺融入到每一个管理的细节中，并通过自己切实的行为影响和感召员工。

让工作达到“免检”水平

支行虽然处在最基层，但是它的独立性比较大，因此让上级领导放心便成了评价一个支行的核心指标。

让上级领导放心的支行不是总需要上级监督的支行。

上级领导日常注重的多是各项指标。支行若能自觉完成这些指标，保持良好的经营指标结构，上级领导便会放心，而不是为指标不能如期完成着急上火。

支行的经营管理等各项工作是一个复杂的系统工程，要想运行好并不简单。支行长只有系统思考、综合管理，才能保证各项工作处于平衡状态，才不容易发生因为工作不均衡而出现的运营问题。

但从另一方面讲，支行的事务千头万绪，出现问题并不能说是不正常的，关键是要及时解决。一些支行长为了个人利益，会掩盖支行存在的问题和矛盾，搞表面繁荣。一旦这个支行长离任，各种问题便会凸显出来，令上级头疼不已。

支行长一旦做起了表面文章，制造虚假繁荣，各种问题就会在暗地里滋长起来，要达到“免检”水平便成为不可能。比如，有的人为了争得一时的利益，便采用投机取巧的方法假造业绩，最后必然是经不住检验，给后续工作带来很多麻烦。说到底，要想让工作达到“免检”的水平，各项工作必须做得扎实，日常工作不搞花架子。

从支行长的角度讲，真抓实干是最重要的品德。但是职场中的诱惑太多，一旦经不住诱惑就很容易采取不正当的、甚至卑鄙的手段来攫取自己想要的东西。想让工作达到“免检”水平，难就难在要做到从内心深处自律。

当了支行长就不能有太多的个人企图，一旦个人企图占了上风，工作责任心就会落于下风。所以，身为支行长，个人企图过强、过于明显，也是上级领导最为担心的状况之一。

“免检”水平不在于检或者不检，而在于一贯保持高水平。

“免检”水平也不是几次检查后别人给的评价，而是自信有不需要别人监督检查的自觉能力和主动负责的精神。

优秀支行长的工作应该是经得住检查却又不需要检查的。

恢复“三铁”声誉

“三铁”是老银行的传统，随着现代科学技术的引入，“三铁”渐渐淡出了银行的传统。现在，也没有人敢说自己经手的钱、账、数据是“铁”的。

姜女士任支行长后，重提塑造“三铁”声誉，她要通过继承银行“三铁”传统来打造一流工作水平的支行。

姜女士是从柜员起步的老员工，她了解银行传统中的“三铁”对支行管理意味着什么，她更知道通过恢复“三铁”声誉能使支行获得什么。

她首先组织全行员工进行讨论。讨论“三铁”传统在支行还有没有价值，该不该坚持“三铁”传统，“三铁”要求对自己的工作有什么意义，等等。

然后她又发起了“只要我经手，保证钱对、账清、数准”的竞赛活动。

接着她又组织了“业务研究小组”和“合规检查小组”，全面开展了系统的业务学习、研究和自我查纠活动。全员自愿参加，营造了一种争创一流工作的氛围。

“业务研究小组”对每个业务岗位上的工作和技术进行了分解，找出关键点，制定出相应的标准，让每个员工参照训练、执行和检查。

“合规检查小组”按照各个工作节点所对应的法律、法规、制度，一一进行对照，找到问题和可能出现的问题，然后进行梳理，找到规律，进行岗位对应防范。

全员参与，不仅调动了大家注重管理和风险防范的意识，让大家清楚了什么位置会出问题，怎样防范，也调动了大家自觉做好工作的积极性。

在这个支行，所有岗位合规管理都不需要上级行和本行组织，各个岗位员工随时都会对自己所处理的业务进行检查，发现问题并及时纠正。

一年后，这个支行再没有发生长短款、对不上账、数据出现差错的问题，“三铁”已成为这个支行的品牌。

这个支行被上级行树为“合规经营”的典型。从此以后，除了例行检查外，上级行再没有对这个支行进行个别检查，不仅为全行节约了管理成本，也为全行带来了示范效应。

上级行在组织各类检查之前，常常组织人员到这个支行来开现场会，参观他们是怎样进行合规管理和风险防范的。

一个支行的工作要达到“免检”水平，首先人要“免检”，要每个员工都不需要督促就能做好自己的工作。

但是，人都有惰性，怎样才能让员工自觉主动地工作，并全力以赴地做好呢？姜女士的办法就是提高员工的自律意识和能力。

人是有思想的动物，聚在一起就会有新思想、新方法的碰撞，人会变得积极起来。姜女士正是考虑到这一点，因此组织了一系列与工作有关的活动，让员工在其中更多地发现自我的价值，发挥自己的聪明才智，更加自觉、主动地把工作做好。

只有每个员工都自动自发地工作，认真切实地负责，支行长才能放心；只有支行长能放心地让员工工作，工作效率和效果才会好，上级行才会放心。

没有员工工作状态的“免检”，就不可能有全行工作的“免检”。

在本案例中，姜女士并没有过多地强调制度的执行等问题，她通过“三铁”传统这样一个契合点，把员工的情绪、思想、工作状态与制度结合起来，收到了预期的效果。

第四章

面对团队，“带”出效率

支行长是一个支行的领航者，支行这支队伍会随着支行长的个性而呈现出独特的团队精神与面貌。带好支行这个团队，是支行长众多职责中最重要的一项。

能否带队伍是领导者与管理者的最大区别。很多支行长更多的是在强调管理，而很少研究怎样来带领队伍。

两者比较起来，管理对支行长来说相对容易一些，而带好一支队伍则要困难得多、复杂得多。因为一般来说，支行长按照规章制度办事就可以实行管理，但是带好一支队伍却需要领袖的才能和人格的感召力，否则就难以做到。管理更多的是规则问题，带领队伍则涉及情感和艺术问题；管理可以是普遍性的要求，而带队伍就必须要因人而异；管理更多的需要执行力，而带队伍则需要思想和号召力；管理更多的是督促，而带队伍则是创造一呼百应的氛围。

还有，带好一支队伍，支行长不仅自己要走在前面，还要关注队伍的行进和每个人的表现，并尽可能让每个人都跟上队伍。

所谓“带队伍”，支行长在思想上强调的是“带”，在行为上表现的是“带”，让员工感受的也应该是“带”。要使每个员工都愿意在支行长的带领下去创造支行与自己的辉煌。

那么，优秀的支行长是如何带好队伍的呢？

第一，为员工做出表率，用榜样的力量“带”。

第二，让员工在独立承担责任中成长，用信任的力量“带”。

第三，让员工在具体的操作中感受，用规范的力量“带”。

第四，与员工共同分享，用工作成果的力量“带”。

第五，对员工进行适时的肯定，用鼓舞的力量“带”。

第六，为员工提供必要的工作保障，用支持的力量“带”。

第七，帮助员工修正错误，用标准的力量“带”。

给员工一张“样表”

支行会有什么样的状态，员工会有什么样的言行举止，看看支行长就会一目了然。

支行具有相对的独立性，远离上级控制中心，支行长便是支行员工了解上级的中介和窗口。做事情向支行长的标准靠拢，会成为大部分人自觉或不自觉的行为。

支行的状态来自于支行长的精神状态，他用什么样的精神状态管理这个支行，这个支行就会表现出什么样的状态。有一个精神饱满、雷厉风行的支行长，这个支行的员工面对工作就会表现出高昂的精神气质和雷厉风行的工作作风。

支行长就是支行的一张“样表”，每个员工都会不知不觉地跟着行长的样子学。支行长对员工不仅起着榜样的作用，还对员工的行为起着诱导作用，这是由于他的职责权力对员工的暗示导致的。

支行长这张“样表”一放到员工面前，对员工来说，就不仅仅是在看他如何做事，而且是跟着他如何做事的问题。有时员工还会生怕自己跟得不紧，让别人走在了前面。

支行员工的日常工作行为必定会受到支行长的影响，所以我们常说，好的员工不一定全是跟着支行长学出来的，但差的员工一定是支行长带出来的。

支行长对员工的塑造作用表现在日常工作的每一个细节中，有的时候支行长自己并没有在意的行为，却给员工留下了深刻的印象。

因此，规范自己的行为，让自己的每个行为都对员工产生正面的影响，是一个支行长的职责所在，也是领导者应尽的义务。

一个优秀的支行，从来都不是先有一批好员工，然后再来一个好行长；一定是先有一个好行长，然后才能带出来一批好员工。

优秀的支行长就是一张不断更新样式和内容的“样表”，员工可以照着去填充精神、物质、行为、方法等内容。

我来做参赛选手

周女士到支行任行长后不久，上级行举行业务技术比赛，可是支行员工谁也不愿意参加，最后指定了几位平时业务技术还不错的员工参加，比赛结果却很不好。

周女士找相关人员了解情况，分析问题的原因，想以此为突破口，提振员工的士气，转变各项工作的落后面貌。

周女士认为，从表面上看是大家不愿意参加技术比赛，深层次的问题是大家缺少为支行争光的集体荣誉感和团队意识，缺少积极参与的热情和敢于争先的精神。

周女士便从组织集体活动开始增强大家的团队意识。

她组织了“业余兴趣小组”“技能切磋小组”和“业务研究小组”，

让员工自选参加，并把小组活动的成绩计入考核。

小组活动每周组织一次，每月考核一次，不仅小组内进行相互评价和评比，还进行小组间的评比，看哪个员工、哪个小组进步快。

经过一段时间的组织、学习、评比、考核，大家渐渐接受了这种活动和学习方式，参与的热情也被调动起来，团队意识、集体荣誉感、竞争精神有了明显的提高。

接着周女士又提出，全员备战上级行的技术比赛，并宣布自己亲自带队并参加比赛，这一下全支行沸腾了，都争先恐后地参加各个项目的比赛。

经过一段时间的训练，她把全体员工分为主力选手、替补选手、后备选手，全行学业务、练技术、强素质成为一种热潮。

上级行举办的业务技术比赛如期举行，大家摩拳擦掌、跃跃欲试，都想争当主力选手，为自己的支行赢得荣誉。最后按照平时测验成绩选取了三人参加上级行的业务技术比赛，周女士就是其中一员。

结果这个没有被列入上级行名次，也不在兄弟行竞争对手计划之内的支行，一举夺得了团体总分第二名的好成绩，周女士则获得了信贷管理组的第二名，这在全行引起了不小的震动。周女士也因此被上级行树为先进典型。

很多支行长在动员员工时动嘴的多，身体力行的少，因而员工对行长的话往往也就不是很在意、很认真。周女士则正好相反，她选择身体力行，带着大家一起干。

简单的发动、教育、指导，是支行管理中不可或缺的，但是支行长如果不看准机会动点真格的，员工就不会出真东西。

支行长的优秀，是支行整个团队优秀的撑杆。

支行长要让自己参与进来，自己作出表率，员工自然就会信服，就会自觉地跟着做。只有这样，员工的心才会沉浸在支行长鼓励和期望的事情上，才会对支行长提出的事情感兴趣，才会全力以赴去做，才会切实见到成效。但是给员工作出表率的前提是，自己确实有真本事。如果周女士完全不具备参赛的能力，那么她是无论如何也作不出表率的。

另外，要给员工作出表率，就要敢于在自己身上加码，敢于承担可能的风险。其实周女士的参赛成绩也有可能不理想。考虑到这一点，更多的支行长可能就不会选择主动去冒这个风险，但那样也就不可能让支行出现面貌一新的变化。

适时给员工“授权”“授信”

支行的工作太多，支行长不可能什么事情都自己去干，通过“授权”“授信”的方式，支行长不仅可以让员工为自己分担工作，还可以锻炼队伍。

给员工“授权”“授信”，实际上是给员工一个参与支行长日常经营和管理工作的机会，并在参与中接受支行长的指导和影响。

员工的参与过程就是一个影响和接受的过程，这个过程不仅可以拉近员工与支行长的关系，还会让员工自觉不自觉地接纳支行长的意识、思想和方法，使员工与支行长的思维模式、行为模式和工作模式渐渐合拍。

通过“授权”，可以让员工独立负责，独立承担相应的工作任务，并在这个过程中树立员工的责任意识，提高其工作能力。

“授信”实质上是对员工的评价，即什么样的员工可以放手到什么程度。支行长通过“授信”的方式与员工建立心灵契约，让员工为支行、为自己负责。

“授权”“授信”都是为了让员工有责任意识，通过“放手”工作来提高员工的工作能力。但是，在“放”的过程中，一定要给予适度的控制，以防止出现意想不到的问题。

无论是“授权”还是“授信”，都不是简单地一“授”了之，而是要进行必要的训练和指导，以保证在“授权”“授信”之后不偏离正确的工作轨道。

另外，“授权”和“授信”都不应该是即兴式的，而应该针对不同的工作内容和时段给予适时的授予，并在适当的时机能够收回这种授予。

总之，“授权”“授信”是支行管理的一部分，重点是提高员工的素质。其目标就是增强员工的参与感和认同感。

优秀的支行长会通过相应的“授权”“授信”来推动支行的工作。

值班行长

郑先生从一个支行调任到另一支行任行长的时候，把在原支行试验成功的一些方法带到了新的支行来推行，他将这种方法命名为“值班行长”。

在支行，人际关系中可能出现的最大问题，就是支行长与员工之间产生隔阂，相互不理解，行长的想法推行不下去，员工的意见被忽视，双方都很郁闷。这不仅影响心情，更影响工作。

郑先生通过试验发现，支行的管理工作只要让员工参与进来，员工就会理解和体谅支行长的难处，进而响应支行长的号召。通过参与，员工会更加理解工作的意义和规则，他们的想法和所提出的意见也会更加切合实际，更容易被采纳。

郑先生组织员工每周选出一名代表做“值班行长”。“值班行长”将负责本周内的日常工作安排和管理，行使支行长授予的职权，承担相应的责任。

为了让担任“值班行长”的员工真正有职有权，郑先生自觉服从“值班行长”的管理，包括外出请假之类都向“值班行长”请示，职责内的事也郑重地与“值班行长”商量。

因为“值班行长”是由大家评选出来的优秀员工，因此大家为了能够担任“值班行长”都想方设法做好自己的工作，并自觉不自觉地在工作中表现出自己的优秀。

在评选的同时，郑先生也尝试着让大家都有做“值班行长”的机会，让每个员工都体会到权力与管理的感觉，增强大家的信心和能力。

推行“值班行长”的办法之后，员工都学会了从行长的角度来考虑问题，过去一些难以推行的办法得以顺利推行，难解决的问题变得容易解决了。

员工担任“值班行长”之后，站的高度和看问题的角度发生了变化，处理问题的方式也发生了很大的变化，上进心得到了激发。

通过做“值班行长”，员工们发现做行长与做员工的素质要求是不同的，他们开始按照行长的素质来要求和塑造自己，个人的素质在这个过程中悄悄发生了变化。

郑先生带领员工的方法是与众不同的，他不仅自己作出表率，更重要的是他让员工负担起责任，使他们在不知不觉中变为他所期望的、高素质的员工。

带员工不能光靠喊、靠训，而是要通过合适的方法和途径。郑先生让员工处在一种自然和自主的状态下接受教育和培训，这要比处在外在推动和强制状态下的管理和培训方式来得有效和彻底。

郑先生之所以能够这样做，是因为他相信每个员工都有表达和表现的欲望。于是，他为员工提供了这样一个机会，一个适宜成长的环境，让员工能够努力去实现自己的愿望和想法。

优秀员工的产生不仅需要个人的努力，还需要合适的环境。

用郑先生的话说："要让员工有出息就必须放手让他们干。"

进行必要的"过程监控"

在支行，员工来自四面八方，每个人的生活背景、思维方式、工作能力等方面都有很大的不同，没有针对性的教导和短期的培训是难以造就出优秀员工的。

带员工如同带小孩一样，光是看着他们，让他们不哭是不够的，更重要的是要能够促进他们的健康成长，能够为他们的未来发展作准备。

一些支行长满足于员工能够完成工作，不给单位惹事。这样的支行长完全没有为员工的未来和职业发展着想，这样的队伍也一定会带得很疲惫，缺少激情。

支行长是与员工朝夕相处、接触最密切的领导，他对员工的影响比任何一级领导都更直接、更重要。

支行长在面对员工时，不仅需要针对所有人的一般性的号召，更需要针对不同人、不同情况进行“单兵教练”，让每个员工依据自己的工作特点不断成长，这样对员工来说是最有利的，对支行也是一样。

带员工是一个漫长的过程，需要耐住性子，按照人的成长规律进行适时辅导，让他们一点一点地成长，而不能期望他们一夜之间就成为你需要的样子。

有些员工带起来会很轻松，有些则需要手把手地带。在带员工的过程中，支行长必须注意以下几个环节：

第一，你说他听的环节。让员工明白你说的是什么，并让他相信你说的是对的。

第二，他说你听的环节。让员工及时反馈他所得到的信息，通过他的复述来验证他的理解是否正确。

第三，你干他看的环节。让员工把“知”和“行”联结起来，通过他的观察来确认怎样做是对的。

第四，他干你看的环节。对员工的行为作出相应的评价，让员工的行为符合标准。

第五，共同总结的环节。与员工一起通过总结确认自己的理解并相信它，通过尝试把自己理解了的东西化为灵魂深处的东西，变为自觉的行为，最后成为日常行为方式。

这五步走好了，一个合格的员工就成长起来了。

员工成长的每一步都需要支行长亲自设计和身体力行，这个过程既是言传身教的过程，也是一个自我约束、教学相长的过程。这种“过程监控”的带队伍方式，对新员工来说尤其重要。

优秀的支行长绝不会采取“放羊式”的方法来带员工，而会通过“过程监控”让员工从亦步亦趋到形神兼备的升级方式来推动成长。

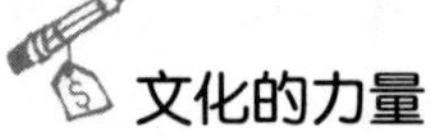

文化的力量

蒋先生一直比较重视文化建设工作，任支行长后，他就想通过提高员工个人的文化素养来提升整个支行的管理水平和工作质量。

蒋先生的个人文化素养仅在品格塑造方面就有五项：一是“慎独、自省、克己”的人格修炼功夫；二是“博学、严谨、果断、坚毅”的个人风格；三是“先做好人，再做能人”的处世原则；四是“忠诚信义”（“忠”就是尽职尽责、“诚”就是表里如一、“信”就是说到做到、“义”就是坚持正确的事）的人格操守；五是“对己从容，对人宽容，对事包容”的人生涵养。

蒋先生在作好个人文化建设的过程中尝到了甜头，由于文化的推动，他的品德和工作都得到了广泛的赞誉，而且还处于不断发展的上升阶段。

在推动员工个人文化建设的过程中，蒋先生不是简单地号召了事，而是一层层地推进，一个员工一个员工地帮助，保证每个员工的文化建设都对个人的长远发展起到推动作用。

小王是一位刚入行不久的新员工，对个人文化建设没有什么概念，也不怎么认同，但是蒋先生不着急，只是有节奏地推进小王的个人文化建设。

他先是把一张价值排序表交给小王，让他把自己认为最重要、最有价值的事情都填上，然后把认为不太重要的事情一个个去掉，留下五件自己认为最重要的事情再进行排序。

经过这样一排序，小王认识到了，自己曾经认为重要的事情，经过认真思考和分析之后发现，并不是真正重要的。

接着蒋先生又让小王给自己认为最重要的价值观赋予相应的内涵，让他不仅在心里认可该价值观，而且能够认同这些价值观所表现出的内容。

小王的价值观中有一项叫作“责任”，包括有责、担责、尽责，蒋先生对他的表述给予了肯定的评价，并告诉小王自己将监督他，看他如何表现和落实责任。

每天上班，蒋先生都会提示小王复述一下对责任的认识，然后确认他在这一天的工作中将怎样体现和落实责任。

小王一旦出现没有尽责的情况，蒋先生就会提醒他自觉检讨自己的责任，迅速恢复自己的尽责状态，保证工作中的责任落实。

半年后，小王不仅对责任的内涵有了更深刻的认识和体会，而且在工作中自觉尽责，回到家中也主动对父母尽责。小王的父母对蒋先生说：“真没想到孩子这半年变化这么大”。

通过蒋先生这种“过程监控”，小王养成了作好个人文化建设的习惯，他所拥有的文化内容得到了不断丰富，文化的内涵和外延也在不断增加。

同时，全支行员工都像小王一样在个人文化建设中有了不同的收获。

蒋先生带员工的切入点是文化，方法是“过程监控”，结果是一步步让全体员工按照他所期望的方向走，最后达到全行的预期目标。

无论面对多么自觉的员工，也不可能支行长一个号召，就立刻变为员工的行为，这当中必然要经过支行长有意识的推动和监督。

优秀不是一蹴而就的，而一定是一个不断递进的过程。

员工的自觉不是天性，而是训练出来的，这个训练过程是一步步推动的，不能期望一蹴而就。

员工的发展过程犹如上楼梯，只有一阶一阶地走上去，整个过程才能完成，最后的结果才有可能实现。

更重要的是，在员工的整个发展过程中，包含着各种细节，做好细节才是关键所在。

及时与员工“对账”

在一些支行，员工几乎看不到支行长，因为这些支行长整天不是跑客户，就是泡在会议和酒桌上，忙于应付和应酬，没有时间和机会与员工沟通和交流。

如果一个支行的员工与支行长缺少沟通和交流，存在的问题就会比较多。这不是因为这个支行存在的问题本身就比其他支行多，而是问题没有得到及时解决并不断积累的结果。

经常与员工沟通和交流，能够保持员工与支行长的思想和意见的一致性，有利于工作的顺利进行，同时，员工也能从支行长身上获得自己需要的东西。

支行长一定要经常与员工待在一起，这是带队伍的基础。支行长与员工之间如果不能保证一定时间的接触，就会慢慢变得生疏，进而在情感上、在观念上产生距离甚至产生隔阂，在这种情况下，支行长就不可能成为员工的榜样。

一个团队的形成也需要思想的统率和氛围的聚合，一个支行长如果不能够经常与员工保持沟通与交流，团队的士气就会逐渐衰竭而不可能形成凝聚力。

分享是一个团队形成的重要方法，大家在分享中感受团队的气息，进而接受和融入这个团队，与团队成员共同成长。支行长与员工的分享不仅是思想内容的传达，还是团队存在形式的一种表达，进而使团队的思想和组织形神兼备。

一个注重沟通与分享的支行，团队的思想和文化就会慢慢变得丰富，员工也会在思想和文化的带动下迅速成长起来。

沟通与分享是一种精神发酵的过程，一旦形成沟通与分享的习惯，人们的创造力就会被激发出来，而且会迅速地在团队中铺陈开来。

越是优秀的支行长，越注重与员工的沟通与分享；越是习惯于沟通与分享的支行员工越优秀，工作做得越出色。

微信杨三姐

微信是当前一种很时尚、很便捷的交流方式，微信的出现给人们的沟通和分享带来了方便。

杨女士到支行任行长后，就建议全行员工都安装上微信，建立员工朋友圈，用微信进行沟通与交流。

对于杨女士的提议，大家都表示乐意接受，这尤其符合年轻员工追求时尚的心理，即使是年龄稍大一点的员工也想体验一下新鲜事物。

她每周选一名员工来主持本周话题讨论，大家可以就这个员工提出的话题进行讨论，并提倡“不论对错，说出来就好”，鼓励大家尽情发表意见。

她还组织建立了一个微信话题记录表，由话题主持人进行总结记录，供大家查找和回顾，以总结自己在话题讨论过程中的变化。

对每个话题的讨论，杨女士都作出相应的总结评价，而且常常是三条，以至于后来大家都叫她三姐。

她的总结评价除了总结大家的正确意见之外，还往往带有思想引导的作用。

开始大家在提起话题和参与讨论时都比较小心，怕触及敏感话题，害怕发表不同意见会让大家，尤其是让支行长不高兴。可是过了一段时间，他们发现杨女士对敏感话题的讨论也很有兴致，还不时地称赞意见不同的人，大家这才放下心来。

而话题也由开始的言不由衷、无关紧要，到后来大家更关注的全行的工作和发展。

后来，只要是涉及全行问题的话题，大家纷纷出谋划策，有时还有人主动把大家组织起来讨论问题的解决办法，并把这些想法和意见形成文字递交给杨女士。

杨女士在任职的两年多时间里，共采纳大家的意见和建议三十多条，不仅密切了与大家的关系，而且解决了许多棘手问题。

通过微信，她也更便捷地把自己的思想、观点、感悟与员工一起分享，员工不仅能够迅速理解她的决定和主张，而且能够自觉落实她的工作安排。

微信的使用不仅让大家的思想和意见更加统一，而且使大家的行动更加自觉，执行力更强，工作也更有成效。

杨女士通过微信让大家分享不同的思想和意见，这看似简单，其实需要有开放的胸怀。

一些支行长非常害怕员工发表不同意见，特别是不能接受来自员工的批评意见，因而一旦与员工的意见相左，矛盾就会滋生和蔓延。

类似微信这样可利用的媒介有很多，关键是要能真心与员工共同分享。

能够成为支行长，其个人的能力一定有突出的地方，但是有些支行长总要把自己表现得高深莫测，总想与员工保持距离，这无疑是给自己与员工之间设置了沟通交流的障碍。

我相信杨女士的个人素质和水平都是比较高的，但是她放低了姿态，大家就更愿意与她接近，她也才能听到真正好的想法和意见。

当然，任何人的想法和意见都不可能是完全正确的，但杨女士并不会因为对方的意见是错误的，就阻止其表达。相反，她会给予恰当的引导，努力保持大家的整体意见朝着正确的方向发展。

每件事情的发生和发展都有一个过程，杨女士尊重这一发展过程的规律，没有急于求成，而是带着大家顺利走过了启动、推进、引导、适应的过程。

杨女士的聪明之处在于，对不同的意见没有直接否定，而是通过不断的讨论逐渐消化，最终把全支行员工的心绑在一起。

让员工撑起赞美的“撑竿”

支行员工处在银行权力体系的最底层，他们可能认为自己是行内最容易受压迫、最容易被人瞧不起的人群，因而他们更需要领导的关怀与肯定。

一些支行长面对员工的时候喜欢板起脸来，动辄训斥，甚至有时还会说出一些侮辱性的语言。受到训斥的员工不仅面子上过不去，甚至在心里也会产生恨意。

有些支行长之所以对员工很凶、不愿意给予员工肯定和赞美，是与他们的观念有着直接的关系的。他们把员工简单地视作被管理者，认为员工不能被“惯着”，尤其在就业困难的形势下，他们更是如此认为。

实际上，员工才是管理的主体，他们不仅是被管理者，而且每个人都承担着相应的管理责任，他们除了具有自我管理的能力外，还能在整体管理中发挥作用。

赞美对员工来说是一种自主、自动行为的启动。给员工肯定和赞美，是鼓励他们在全行管理中发挥积极的作用，进而实现支行和支行长的管理目标。

只有懂得尊重员工的支行长，才可能给予员工由衷的赞美，而这种赞美又会使支行长获得员工的尊敬。员工会因为这种赞美努力工作，帮助支行长一起达成支行的工作指标。

赞美还可以让员工产生快乐的心境，并且在这种快乐心境中提高工作效率和效果。

赞美可以使员工获得工作的动力和能力。你越是赞美他们，他们就越有劲头，越是会付出，越会多出成果，越具备相应的能力。

但是赞美不是虚伪的夸奖，不是脱离实际的拔高，不是不负责任的放纵，更不是不敢批评，而是发自内心的肯定和恰如其分的评价。

会带队伍的支行长一定少不了对员工的赞美。员工也会在这种赞美中加快成长的脚步，跃上一个个发展的新台阶。

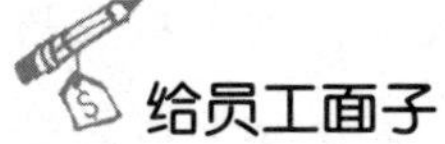

给员工面子

员工为什么会努力工作？王女士回答说：“你看得起他，你感谢他做出的努力，他才会为你拼命。”

王女士任支行长已快十年，她说她很少批评员工，她总是在员工需要精神支持的时候给他们鼓劲，因而员工总是干得比她期望的好。

她认为人都是有尊严的，你给足了别人面子，别人才能看在你的面子上为你做事情，你给他的面子越大，他就会越为你出力。

她的经验是，赞美是给员工最大的面子。

老冯是部队转业干部，进银行后一直做安全保卫工作。保卫押运等工作交给保安公司后，他又被安排到支行学习业务。此时的老冯既没有热情也没有信心，在他看来，到支行来只是找个落脚的地方，混混时间。

可是王女士并没有看不起他，而是安排了业务能力比较好的员工带他，并鼓励他说：“银行的业务没什么难的，对当过兵的人来说这点事还算什么难事?”

有一次，王女士偶然看到老冯在翻业务书，她当即表扬了他，并利用晚会的时机对大家说：“你们看老冯年纪虽然大些，可学习业务的劲头不减，如果大家都能这样学习，还有什么业务能难住我们?”

经王女士在公开场合这么一说，老冯虽然心里没底，但还是拿起业务书认真学起来，遇到问题还随时向师傅请教，并决心掌握好必要的业务技能。

老冯稍有一点进步，王女士都会及时给予表扬，老冯也由开始的勉强变得自觉起来，业务能力提高很快。

老冯的基本业务技能学得差不多的时候，王女士从老冯的实际情况考虑，让他去做市场业务，重点负责客户开发和不良贷款清收。

老冯工作中碰到什么问题，王女士都给予他相应的鼓励，或者从表扬的角度给他一些提示和点拨，不仅维护了老冯的自尊心，也保护了他的学习和工作热情，加快了他的进步。

支行有一笔不良贷款两年多还没有收回来，老冯给王女士提供了一条线索，并附带了一条意见，王女士采纳了老冯的意见，根据这条线索把这笔贷款成功地作了转化。

在支行的晚会上，王女士不仅表扬了老冯所作出的努力，还要求大家学习老冯这种善于学习、乐于负责的精神，于是老冯学习工作的劲头更足了。

几年下来，老冯彻底变了，由原来的没有信心变得信心百倍，由原来的不想学变得凡事都想弄个究竟，由不懂业务变得说起自己负责的工作来头头是道。老冯曾激动地说："是王行长救了我。"

王女士面对员工时总是从正面看员工的长处，努力去发现员工的优点。一旦发现其闪光点，就用表扬的方法去激励和强化，通过巩固优点来消解和弥补不足。

王女士批评员工时也多是先给予一定的肯定，然后在此基础上指出问题所在。这样就给员工留足了情面和尊严，让员工不好意思再犯同样的错误。

对老员工她更是这样，因为她知道一旦逼得老员工撕破脸面，难堪的肯定是支行长而不是员工，最后受损失的还是支行。

一位追随者众多的支行长，一定是一位善于赞美自己员工的管理者。

每个员工的个性不同，对待的方式也不可能相同，但是面子是每个人都需要的。给别人留足了面子，就是给自己留足了工作的机会和回旋的空间。

给员工留面子，不是不能批评，只要批评得合情合理，而且批评的方式得当，员工都是能够接受的。如果能够像王女士那样，将肯定融入批评当中，通过表扬的方式让员工认识到自己的不足和错误，效果就会更好。

总之，优秀的支行长一定能够把握好批评与表扬的“度”，并坚持以表扬、鼓励为主。

做员工的“后台”

在支行，员工直接面对客户，是一般意义上的前台工作，但是他们要想把工作做好，必须要有“后台”的支持。这时支行长必须充当他们的“后台”，来解决员工的后顾之忧，这也是支行长“带”员工的一个重要的方法。

在支行，支行长对员工的支持是最直接、最有效的。支行长对员工的态度会直接影响到员工的工作情绪和效果，而其他方面的支持都是在为这一支持提供配套服务。

有的支行长自认为是领导，所以不屑于为员工提供及时的服务。如果员工得不到及时的“后台”支持，那么他们在为客户服务时就会打折扣。

支行长为员工提供支持和服务的过程，等于是对员工的服务起到了一个引导的作用。其引导会规范员工的工作方向，设置员工为客户服务的标准，甚至传递具体的工作方式和方法。

支行长在为员工提供服务的过程中，会对他们做得对、做得好的方面加以肯定，同时也会对他们工作中不足的方面加以提示、提醒，对错误的方面加以纠正，从而推动全行工作水平的提升。

做员工的“后台”，就是在工作的过程中给员工传递信心，同时也是把支行长的想法和决策渗透给员工，让员工在工作中一点点地消化。

员工在工作和服务中一定会遇到各种各样的问题和困难，给员工以必要的支持，能够增强员工的信心，增加找到解决办法的机会，增强应对困难的能力。

作为一行之长，支行长可以调动全行的资源给员工以应有的支持，员工在这个过程中体会到团队的力量，进而增强团队的归属感和凝聚力。

如果员工有了在支行长支持下解决问题和应对困难的经验，他们就会在关键时刻不动摇、不犹豫，就会知道怎样寻求支持和调动资源解决问题。

支行长对员工的支持水平，从某种意义上也代表了全行工作状态的整体水平。能够及时为员工提供支持的支行，战斗力都会特别强。

优秀的支行长不仅是支行团队的领头羊，也是支行团队的坚强后盾。

有问题找我

方先生在带员工时有一句口头禅：“有问题找我。”

他无论在工作上还是在生活中都是热心人，只要有机会帮助别人他绝不会袖手旁观，对员工他更是能帮就帮。

支行员工最怕的是存款任务，特别是柜员，他们的主要任务是柜台服务，没有时间也没有精力去跑市场、拉存款，很多员工的存款任务都完不成。

方先生任支行长后，他虽然也按照原来支行长的办法把存款任务分解下去，但是他并不是一分了之，而是主动找员工了解任务的完成情况，员工遇到问题他会主动帮助解决。

有的员工完不成任务，他就把自己拉来的存款顶在员工的名下。员工一旦接受了他分来的存款，虽然表面上完成了任务，但是心理压力更大了，总觉得自己亏欠了他什么，之后就会更加努力地去完成以后的任务。

方先生有时也会把自己开发的老客户分给员工来维护，把存款指标算到员工身上，这让员工不仅感激他，更会尽心地把客户维护好。

他还教员工怎样维护客户，让员工掌握更多客户开发与管理的知识和能力，使员工通过分管和维护客户迅速成熟起来。

原来一说到让柜面人员走出去组织存款，大家都强调客观原因，以没时间为由不愿意跑市场，可是现在他们都会自觉安排时间去跑客户。

有时候方先生把客户开发的前期工作做完后，便交给其他员工，然后教员工怎样开展下一步工作，直至把这笔业务做成。

对于需要深度开发的客户，他更是手把手地教，并随时给员工打气：“没事，放开手干，有什么问题找我。”

有了方先生这句话，大家就像有了主心骨，开发客户不再怯场，由开始的参与、指导、提醒，到后来自主开发客户，他们说：“有行长在，就没什么可怕的。”

在该支行，行长的“有问题找我”已经成为员工做好工作的一种精神支柱。

方先生并不是忙于为员工做多少事，而是始终坚定地支持员工，给员工一种信心和精神激励，让员工全力以赴地做事，不必有后顾之忧。

方先生给员工的支持更多是心理上的，他卓有成效的工作使员工对支行、对这个集体产生了深深的信赖。

员工的创造性可以被无限地发掘，关键是如何做好这一发掘工作。

比起为员工做事，方先生更多的是引导员工。其实员工一旦知道了为什么做和怎样做，事情就往往不再是困难的了。

另外，我们可以看到，他对员工的支持是一层层地展开，有节奏地推进的，直至员工想做事，能做事，做得有成效、有创造性。员工的成长正是在这一过程中实现的。

作为支行员工，他们并不担心自己做不成事，而是担心自己想做事却没人理，甚至得不到支行长的理解、支持和肯定。

方先生正是把这件事做到了员工的心坎上。

剔除员工的“不良行为”

“人无完人”，支行的员工不可能没有缺点和不足，了解了这一点，支行长就会懂得应该对员工进行恰当的组织和分配，并帮助员工改正自己的缺点，弥补自己的不足，让整个团队优秀起来。

作为支行长，一方面要有胸怀，能够包容员工的缺点和不足，另一方面又要有智慧，按照更高的要求去塑造员工。

包容是认可员工，塑造是成就员工。包容，不是对员工的缺点、不足，甚至错误行为睁一只眼闭一只眼，而是看清员工的整体状态，清楚他们存在哪些问题，给他们一个更新的时间和过程。塑造，不是一味地按照自己的想法对员工进行生硬的改造，而是要做好以下几方面工作。

第一，自己和员工都清楚什么才是优秀员工的标准。

第二，自己和员工都有意愿去努力达到优秀的标准。

第三，把优秀按照重要程度分级，通过训练逐级达到这些标准。

第四，随时对员工的不良行为进行提示，通过训练用良好行为替换不良行为。

第五，创造良好的团队氛围，形成员工良好行为的“场效应”。

剔除员工“不良行为”是培养优秀员工的重要工作，但是在这个塑造的过程中，不应该直指员工的“不良行为”，否则效果可能适得其反。

员工队伍中的“标杆”会对员工的日常行为起到引导作用，对剔除员工的“不良行为”有一定的催化作用，因而树立适宜的“标杆”就是支行长应该认真考虑的问题。

批评是支行管理中使用最多的一种方式，要带好支行的员工队伍，支行长一定要慎用这种方法，或者慎重选择批评的方法。

“不塞不流，不止不行”，要培养优秀的员工就必须剔除员工的“不良行为”，但是这不应该是简单的“肿瘤手术”，而应该是健身作用的“养生”。

优秀的支行长一定善于及时剔除员工的“不良行为”，并及时激发和巩固员工的优秀行为，让整个团队不断走向优秀。

你会更优秀

徐女士是由柜员一步步升任支行长的，她深知支行长怎样对待员工，员工才愿意接受，怎样关心员工，员工才会领情。

她把员工分为三类：第一类是想优秀的员工，不用多说，这样的员工一点就透；第二类是能优秀的员工，这样的员工需要教育点拨，认可接受了你的观点才会走向优秀；第三类是逼着才能优秀些的员工，这样的员工需要软硬兼施，反复训练，才能逐渐接近所要求的标准。

对第一类员工，她常说“这事你办得真棒，坚持下去你会更优秀”。他们就会在巩固这种行为方式中不断优秀起来。

对第二类员工，她常说“你想得有道理，如果你再努一把力会更优秀的”，他们就会在不断的改进中逐渐优秀起来。

对第三类员工，她常说“你不是不能做，只是还没有想好，如果那样做下去你会更优秀”，他们开始犹豫着尝试去做，一点一点地变成习惯，去接近优秀。

小唐是一位刚到支行一年的大学生，做了一年的柜员，单调的工作让她腻烦了，工作缺少激情，积极性和主动性比较差，还时常发牢骚。

徐女士并没有直接批评她，而是找她谈心，问她这段时间的工作状态没有想象得好，是不是出了什么问题，或是她有什么想法。

小唐开始不说，当她了解到支行长是真想帮她后，便说出了自己心中的苦恼，并要求去市场做营销。

徐女士表示理解她的处境和心情，并支持她的想法，然后帮她分析自己的能力、状态、所处环境、能否胜任等问题，让她看到自己存在的问题和差距，然后帮她制订出相应的计划。

这次谈心让小唐茅塞顿开，让她看到了自己的问题和不足，也看到了未来的发展目标和路径，增加了努力工作的动力和发展的信心。

她给自己制订了五个计划：一是迅速改掉自己身上存在的毛病；二是利用好现有的工作环境和机会；三是抓紧学习，掌握未来需要的知识和技能；四是迅速积累工作经验，适应多种工作要求；五是往远看，扎实走好每一步。

三年过去了，小唐不仅改掉了自己身上的毛病，成为支行市场营销的业务骨干，还带出了几位岗位能手，顺利成为这个支行的市场营销部经理。

徐女士带队伍的方式是从员工的感受出发，把工作做到员工的心里，而不是硬性推行什么或阻止什么。

她把员工进行分类，目的就是为了有针对性地开展工作，选用不同的方法让不同的人能够容易接受。

她从心里认为每个员工都可以更优秀，而且她真诚地给予员工期待，并让员工顺着她的期待改进和发展。

塑造人，究其根本，还是塑造人心。

徐女士总是从内心深处改变一个人对问题的看法，然后再去改变他的行为，让优秀成为其发展的趋势。

徐女士从不放弃任何一个员工，她认为任何一个员工都是支行不可缺少的成员，都在自己的岗位上发挥着应有的作用，都是不能忽视的。

她对员工队伍作整体性的思考和管理，并抓住支行的主流，让主流带动和改变员工非主流的行为，保证每个人都能跟上队伍。

改变是一个过程，“不良行为”不是一天产生的，也不是一天可以清除的，循序渐进才是改变的最好办法。

第五章

面对竞争，“秀”出实力

支行的职能在转变，支行长的压力也在加大。随着银行的发展和员工队伍素质的提高，支行长所面对的业务指标压力增大，岗位竞争的压力也在增大。如何表现自己，成了支行长们需要认真研究的课题之一。

同业竞争的压力，需要支行长拿出点真本事，方能够在激烈的同业竞争中争得一席之地。

岗位竞争的压力，需要支行长有些新路子，以便在众多支行中脱颖而出。即使做不到最好，也要保持一定的优势，至少不能被其他支行远远落下。

每个支行长都有各自的优势，而且这些优势都是经过实践证明的，否则他们不会走上支行长这个岗位。一旦成为支行长，他们需要考虑的就是怎样保证自己的竞争优势，而且要把自己的优势表现出来，被人们看好。

支行的工作职能都差不多，支行长的工作性质也差不多，要表现出自己的不同凡响来并不容易，这就需要支行长懂得如何“秀”自己。

“秀”不是故意卖弄自己，不是工作中的张扬，而是真情流露和能力的自然展示。

“秀”的目的是获得领导和同事的认可，如果“秀”得过当将会适得其反。

“秀”是以实力为基础的，恰当的表现让人们看到你背后的实力，那才是最好的“秀”，才会“秀”得有意义。

在“秀”的过程中，人会慢慢变得优秀。每一次“秀”都会让人更接近优秀，因为“秀”的过程对自己来说是压力，有了这种压力，人就会迫使自己变得更加优秀。

要想在岗位上不被埋没，“秀”应该是支行长的基本功之一。

加大“透明度”秀过程

有些支行长总是喜欢默默无闻地工作，虽然辛辛苦苦做了许多事情，结果所做的事情不仅上级领导不清楚、员工糊涂，恐怕就连自己也说不明白。

不少支行长不善于总结自己的工作，说起自己的工作来，总是理不出头绪，形不成套路，只知道一门心思忙着完成上级的任务。

有些支行长不能做到很好的沟通，对上级布置的工作不能给予适当的反馈，给员工布置工作也是就事论事，没有形成整体概念，造成两头不透明的结果。

有些支行长不重视本行的信息发布，不能就支行情况对上级作好及时的信息报告，让上级领导掌握支行的工作进展。

如果支行长总是不愿走进上级领导的办公室，不愿意常向领导汇报工作，领导就不能随时掌握支行的工作背景、难度和支行长所作出的努力，就只能凭感觉和印象评价支行的工作，致使许多努力得不到上级领导的理解、支持和肯定。

增加支行工作的“透明度”，目的就是让人们看到支行工作的状态，让上级领导、相关部门、员工真实了解支行各项工作的进展情况和所取得的成果。

有人把默默无闻地工作视为一种优秀的职业品质，这没有错，但是对支行的工作和发展来说这是非常不利的，默默无闻就意味着难以得到有效的资源配置，结果是给工作带来麻烦。

增加“透明度”是为了改善支行的工作环境，争取更多的资源来促进支行的工作和发展。对上增加“透明度”可以让上级看到一个真实的支行，对下增加“透明度”可以让员工认识和理解支行长的工作，可以凝聚人心，增加员工的支持度。

相反，对上不透明会造成“有所隐瞒”的嫌疑，对下不透明也可能造成“有私心”的嫌疑。增加“透明度”可以解除这两方面的嫌疑，给大家呈现一个真实的支行。

增加“透明度”需要做好以下四项工作。

第一，加强信息的交流，让支行的相关方更方便地获得支行的各种信息。

第二，多向上级领导和部门汇报，让他们了解工作的进展、难度和过程。

第三，及时进行工作总结，并把这些总结通过相应的渠道进行有效的传递。

第四，建立支行例会制度，随时把自己的想法、工作安排、取得的成效向员工公布。

有些支行长不愿意增加工作的“透明度”，可能是因为觉得自己还不够优秀，但越是这样就越难让自己优秀起来。

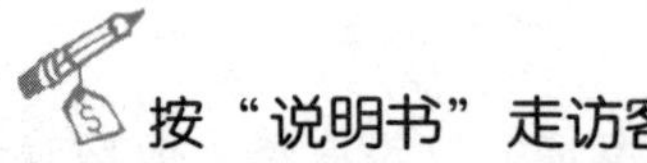

按“说明书”走访客户

对于过年过节和关键时刻走访客户的事情，很多支行都是秘密进行的，这经常引起人们的各种猜测，也成为支行最说不清的一笔开支。

于女士任支行长后，一改前任客户走访的惯例，在员工中公开走访客户的单位、人员、金额、方式、流程等，并把走访客户的任务分配给大家。

她先是组织员工讨论哪些客户该走访，并确定走访的理由。对她自己提议需要走访的人员，她会作特别说明，并让大家发表意见，得到了大家的认可，她才会去走访。

然后编制客户走访“说明书”。她在“说明书”中详细列明了走访的意义、方式、开场白、道别、特别情况处理等，后面附上客户走访明细表，从员工中选出代表参与走访。

需要于女士走访的客户，她也带上相关人员一起走访，她说这既是一种监督的方式，也是带员工学习营销的好机会。

由其他员工负责走访的客户，她一般都会要求员工作一些必要的演练，并让大家观摩。这不仅让员工受到相应的训练，也给了大家一个学习和切磋的机会。

员工独立走访的客户，一般都是员工自己负责开发和维护的客户。员工不仅把独立走访当作一种责任，也看作支行长对自己的信任，促进了员工责任心的增强。

每次走访结束后，她都会召集员工进行汇报总结，把在走访过程中发现的问题逐一研究，形成统一意见后添加到客户走访“说明书”中。

走访的目的是开发和维护客户，公开透明的结果是大家对如何开发和维护客户形成了共识，没有人再在背后猜疑“暗箱操作”之类的问题，也调动了员工参与客户管理的热情。

不久后，由于有其他支行员工检举支行长借走访客户之机侵吞支行财物的问题，上级行便组织了由纪委牵头的专项检查。

当检查组来到于女士这个支行时，他们拿出了历年走访客户的“说明书”和走访清单。这令检查组感到非常惊讶，没想到他们在这个敏感问题上处理得这样公开透明。检查组把他们的做法汇报上去后，这种做法被作为典型在全系统进行了推广，于女士也因此被评为省分行的“先进工作者”。

于女士对一贯实行秘密操作的客户走访活动，采取了在员工中公开的方式。她自己并没有想到会引起轰动和上级的重视，但她在这个问题上不想引起员工误解的目的确实达到了。

能够在这一点上公开透明，至少说明于女士没有私心，她确实不想通过秘密操作来达到个人的目的，或是获得个人的利益。

越是透明，上下就越是看得清楚，这样不仅可以随时接受监督和检验，还能够赢得上级领导和下级员工的信赖。

于女士敢于接受员工的监督，敢于公开本可以秘密操作的项目，说明她个人的品质和能力都没有问题，上级认可她也在情理之中。

客户走访活动的透明化，让上级领导和员工看到了一个公正无私的支行长，这不仅提高了她个人的知名度，也有利于支行各项工作的开展。通过客户走访活动的透明化，于女士取得了上级领导的信任，也得到了员工的拥护。领导会更加放手地让她工作，员工也会更加支持和拥护她。

在客户走访这样的敏感事件上能够公开透明，在其他工作上就更容易公开透明。

优秀的支行长总是乐于增加自己的“透明度”。

搭设“展台”秀成果

支行之间的竞争实质上是工作成果的竞争，工作成果不仅可以决定支行的地位，也决定着支行长的未来。

只要有工作就会有成果，只是囿于眼界和层次，有些支行长不知道怎样看待自己的工作成果，怎样包装这些成果，怎样展示和推介这些成果。

有的支行长认为，完成上级的工作任务是职责所在。他们虽然每天都在做工作，但却没有把工作结果上升到工作成果的高度，因而没有主动去作必要的展示。

有的支行长觉得自己的工作并不出色，没有展示的资本。自己本来已经做了许多艰难的工作，却因为没有展示而得不到上级领导和员工的认可。

支行是面对客户的窗口，核心工作是要完成上级分配的业务指标，业务成果是支行最重要的成果，相同的业务成果也可以通过不同的方式和角度来展示。支行展示的成果不一定非得是业务成果，其他成果也是需要展示的，有些非业务成果可能是上级领导更愿意看到的。

展示工作成果的过程也是激励的过程，支行长可以通过成果的展示增强不断进取的信心，员工可以在成果的推动下更努力地工作，创造更优秀的业绩。

由于支行的工作琐碎繁杂，且各支行的工作都差不多，所以很难有所谓的特殊成果可以展示。这就需要支行长具备策划和组织的能力，把日常的工作形成模块化，用模块集成的方式来展现这些成果。

有的支行利用支行内部橱窗为本行的工作成果搭设“展台”，使每一个来到支行的领导、客户和本行员工可以随时看到这些成果。

有的支行利用报表的方式向上级行传递成果信息，他们甚至将所有内容印成彩色宣传单页送达上级行，让上级行领导和部门随时了解本行的工作进展和成果。

有的支行在印制宣传品向客户分发赠送的同时，也向上级行领导、部门、员工和本行员工家属分发赠送，以便加深大家对本行的印象和了解。

有的支行积极向上级推荐本行的先进典型，推荐本行优秀员工到上级行或其他行任职，通过人才成果来展示本行的整体实力。

优秀的支行长总能抓住一切可能的机会和平台来展示本行的工作成果，以引起更多人的关注，为全行工作开展创造良好的条件和环境。

用梦想推动业务发展

辛先生被派到了一个比较小的支行任职，这个支行的工作排名比较靠后，他很想改变现状，可是要从业务上赶上甚至超过其他支行确实有难度。

经过精心的策划之后，辛先生采用了以下方法来放大自己的工作成果。

他先是与全行员工讨论，找到本行的优势和劣势，形成本行的工作特点，并千方百计寻找机会突出本行的特点。

这个行的特点就是小。但正因其小，它在做大上便会有空间，在做精上便会有机会，在做好上便会有看点。

他一方面鼓励员工做好工作，争取做大、做精、做好，同时还要做出自己的特色。另一方面让上级行和员工了解本行的特点，引导人们在本行特点的背景下看支行的工作。

凡是上级行组织开会汇报工作，他都用具体事例强调自己的行是个小行，资源配置不足，同样的工作在开展过程中会遇到更多的困难，要作出更多的努力。为此上级行领导和部门在布置工作时会理解他们工作中的困难，注意他们所取得的成绩。

在谈工作成果时，他也会强调在什么背景下克服了哪些困难才取得了工作进展，让人们在看待他们支行的工作时更容易作出准确的鉴定。

在开展业务的过程中，他不是简单地将任务分解了之，而是强调用每个人的梦想来推动各项工作任务的完成，把工作任务的完成与员工的个人成长、发展紧密联系在一起。

他只要一谈到业务发展问题就会谈到员工个人梦想的实现，员工总是在他的鼓励下热血沸腾，上级领导也感觉到了他工作的新意和领导的艺术。

老房是一名已过四十岁的女员工，做了近七年的客户经理，感到自己年龄大了，没什么发展前途，工作开始松懈下来，不仅工作任务完成得不好，也给管理带来了难度。

辛先生找她聊天，了解到她对职业发展已经不抱任何希望，所以把注意力全部放到孩子身上，希望孩子能弥补她在职场上的缺憾，实现她的人生梦想。

根据老房的实际情况，辛先生开始引导她，告诉她别把消极情绪带给孩子，要想让孩子好，就给孩子做出个样子，让孩子感到骄傲，让孩子以她为榜样来实现自己的梦想。

从那以后，老房在工作上渐渐起了变化，开始积极主动起来，市场业绩也明显好了起来。辛先生这时便以支行的名义给老房家里发了喜报，表扬她努力工作。

老房的家人接到喜报后都感到喜出望外，儿子看到喜报后第一次赞美了妈妈，老房高兴得不得了，她也第一次感受到了努力工作的价值。

从此，老房的工作更加努力，业绩也更加突出。

辛先生把这一情况整理成材料向上报送，得到了上级行的肯定。省分行转发这一消息后，特意组织一个小组来总结他们的经验，并在全行推广，辛先生也由此成了省分行的先进典型。

辛先生自知自己行的不足，但是他没有背上不足的包袱，而是把劣势转化成了优势，为自己的工作开展创造了相应的环境和条件。

无论什么成果，有特点才有意义。辛先生正是抓住了这一点，在本行的特点上做文章，让人们在突出的特点上看成果，成果才能显得更明显、更清楚、更有味道。

如果能够给平凡的日常工作添加些意义，那些工作就会不再是原来简单、重复的工作，而是新的、有意义的工作。

辛先生对工作的看法与许多支行长不同。他不是就工作看工作，而是超乎工作之上去看工作。只有这样才看得明白，做得自觉，层次也会更高。

有人觉得他有些务虚，这也正是他不同于其他支行长的高明之处。他的务虚又是建立在扎扎实实的务实基础上的，所以工作才有成效，才能被认可。

推广自己支行的典型也是他不同于其他支行长的高明之处。有些支行长不仅不愿意推出本行的典型，还常常在外面贬损自己的员工，这给自己和他人都带来一定的损害。

要展示自己的工作成果就要有搭设“展台”的意识，随时为本行和自己搭设“展台”，工作成果才会随时得到相应的展示。

增加“美誉度”秀客户

客户是支行最大的财富。

如果一个支行的忠实客户比较多，又具有持续开发价值，那么这个支行对全行来说就是不可或缺的。如果能够把潜在客户快速发展成为忠实客户，这个支行的市场开发能力就不能小看，其地位便会非常重要。

客户的“美誉度”是一个支行市场拓展能力最重要的来源。

它来自于客户对一家银行的信心。当客户相信这家银行能够为他提供最需要的服务，为他创造应有的价值时，他才会发自内心地赞美，成为这家银行的忠实客户。

客户需要在银行里体验和享受服务，谁能为他提供最令人愉悦的服务和享受，他就会成为谁的忠实客户。

支行也常常要对客户进行梳理和分类，找到自己的优质客户，使服务更有针对性、更有效率、更符合客户的需求。

“秀”客户会形成客户的“羊群效应”。也就是说，你的优质客户越多，你的优质客户越是赞美你的服务，便会有越来越多的优质客户向你的身边聚集。

让客户了解你的客户，让客户通过客户了解你的支行、你的服务、你的特点，这是市场拓展不可忽视的环节，因为客户都是互相吸引而来的。

一个支行的优质客户比较多，就会引起上级领导和部门的重视，他们光顾支行的机会就会增多，资源就可能向你这里聚焦，这会更有利于你的工作开展。

根据自己支行的特色，选择不同的客户群体，这种特色就会形成招牌，吸引更多的同类客户向这里聚集。如此一来，你的特色就会被放大，这个特色最后会成为你的主打品牌。

支行对于客户来说也是一个关系网，这个关系网对支行工作的开展、形成服务品牌、提高行长的知名度都有很重要的开发价值，这个网越大，它的价值就越大。

小企业客户联盟

牛先生任行长的支行是一家开业不久的营业机构，地处商业繁华区，在客户资源早已被各类银行瓜分殆尽的今天，想后发制人实在太难。

他经过细致的市场调查和分析，决定把市场开发的重点放在小企业客户上。怎样才能把客户组织起来并让他们成为忠实客户，为支行创造更多价值，为支行的未来发展撑起一片天呢？为此，他不知费了多少心思。

他利用在上级行个人业务部的经验，先抓基本客户群，稳定支行的基础存贷款业务，为未来的市场开拓打下基础。然后，他以基本客户群为基础，组织小企业客户联盟。在联盟中成立按行业和供应链划分的客户联谊小组，定期开展活动。

开始客户并不认可，不愿意参加他们组织的一些活动。但是他们并不气馁，仍按照原定的计划一步步实施，努力让联盟活动不仅有形式，而且有实实在在的内容和收获。在每次的联谊活动中，他们坚持介绍银行服务产品，介绍小企业利用银行的方法和技巧，以及具体解决小企业融资结算等方面的问题。渐渐地，客户感到这个活动对他们来说既有用也有效。

他们还推出了小企业等级服务办法，按照企业的存贷比、贡献率、忠诚度等实行差别化服务，并执行不同的服务价格，让小企业客户看到了参加联盟的价值所在。

在每期活动中，他们都进行客户推介，促成客户之间的合作，客户把支行组织的小企业联盟当成了他们合作的平台，并因为有银行做中介让他们之间的合作更放心。

他们还通过联谊活动评选支行的优秀客户，给予银行服务上的奖励。为了解决小企业融资难的问题，他们还组织了小企业签订行业互助联保协议和供应链交易保理业务服务协议，不仅解决了小企业的融资难题，也扩大了支行的业务范围。

四年时间里，小企业联盟会员由当初的一百多户已经发展到两千多户，支行的业务量由当初的最小发展到现在的前三名。

牛先生在支行任职四年，最大的成就就是组织了一个强大的小企业客户群。该群体业务快速稳定发展，为银行的业务拓展和服务品质的提高做出了巨大的贡献。

他组织小企业客户联盟，做的是客户，成就的也是客户，因此客户才能自愿聚集在他的旗下，成为他的忠实客户、优质客户。

一家支行及其行长的优秀也常常是从客户的“美誉度”中获得的。

他在做客户时，目标是为客户提供优质的服务，为客户提供平台和市场，帮助客户做大做强。在客户价值提升的过程中，支行本身也得到了发展。

牛先生用小企业客户联盟的方式，将客户联结起来，但其过程并非一帆风顺。如果没有周密的计划、周到的服务，没有执着和坚持，就不可能做起来和发展下去。

银行与客户是相辅相成的，银行把客户组织起来并宣传出去，银行也就随着客户走出去，被更多的客户接受，吸引更多的优质客户。

客户对银行的“美誉度”是客户在接受银行服务过程中所有感受的传递，展示和宣传客户实际上也就是在展示和宣传自己，但是更多的支行长难以做到这一点。

盘活“人际资产”秀资源

在支行经营管理中，最大的资源应该是人际资源。

人不仅本身是资源，而且具有凝聚资源的作用，能够使各种资源实现优化配置。

有些支行长由于受业务指标压力的影响，在人际网络建设上只关注与业务相关的人际资源，而没有用开放的眼界和心态发掘更大范围内的人际资源。

有的支行长只关注自己的升迁问题，千方百计走上层路线，忽略或是不屑于积累更广泛的人际资源。这样的话，即使上层路线能够走通，其他方面的人际关系也会因为疏忽而遭到破坏。

人际关系是一种“资产”，是资产就可以分级，对于可能出现沉淀的“资产”，就要想办法进行“盘活”，提高“资产”质量。

人际“资产”是一种活的资产，具有自主复制性，因此已有的优秀人际“资产”会吸引更多的同类“资产”，“盘活”人际“资产”会带动其他人际关系自主优化。

人际关系的建立常常呈现“圈子”效应，“盘活”人际“资产”实际上就是打开进入相应“圈子”的大门，让自己成为“圈子”中的人，并在“圈子”中受益。

在当今的社会中，“圈子”愈加重要，有时你没进入这个“圈子”就无法理解“圈子”里的人的行为方式和思维方法，想利用这个“圈子”就很难。

人们之所以乐于建立“圈子”，是因为人以群分，“道不同不相为谋”，“圈子”里的人一般都有共同的生活体验和认知，因而更有共同的注意力和话题。

有些领导感叹身边没有一个可用的人，甚至对下属总觉得不放心，多是因为他没有形成一个自己可以信任和依赖的“圈子”。

一个人的社会地位多是由人际关系所决定的，一个支行长的工作能力也多表现在他有多少人际资源，他工作的好坏也多是由人际关系的质量所决定的。

无论是上级领导还是员工，看一个支行长的本事也多是看他所建立起来的人际关系，看他能够打入什么样的“圈子”。

让更多的人了解自己的人际资源，并通过这些资源去影响更多的人，这也是支行长最重要的营销活动。

优秀的支行长一定会有一个优质的人际网络，游刃有余地行走于各种各样的“圈子”，并适时为支行和自己整合资源。

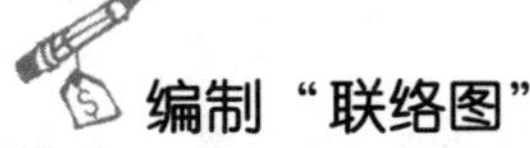

编制“联络图”

一说“联络图”，很多人大概会很自然地联想到《智取威虎山》的故事。其实，在银行营销中也少不得这样一张“联络图”。

汪先生到支行任行长不久就绘制了这样一幅“联络图”。

汪先生任职前是支行主管市场营销的副支行长，那时他只是把人际关系的注意力放在与市场营销业务相关的人身上，任支行长后他开始放大和提升自己的人际网络建设。

他把人际关系分为四类，并按照不同的关系赋予不同的目标。

第一类是客户关系，目标是解决业务指标的完成和优化问题。

第二类是内部关系，目标是解决内部管理、业务流程优化、工作评价等问题。

第三类是社会关系，目标是解决各种关系的协调问题，为业务发展提供支持。

第四类是亲朋关系，目标是解决各种关系难以解决的问题，提供关键支持。

他又把这四类关系按照重要程度分为三级，并把第一级次的关系落实到人，对重点人员编写“使用说明书”。

他把工作中可能遇到的问题进行分类，然后针对这些问题在人际关系网络中找到对应的人，并做好利用的预案。他甚至把支行可能发生水电事故时需要求助的人员都列入他的人际关系网络中，并把这些信息存入手机，随时查阅。

他随时对这张“联络图”进行更新和调整，使这张图越来越完善，用起来也越来越方便。

每次遇到什么问题，汪先生都能够准确地找到相应的人，保证问题解决不仅及时，而且效果出人意料，他的办事能力也因此让人刮目相看。

有时上级行有什么难题也会找他商量解决，他的人际“联络图”派上了更大的用场，他的知名度也不断提高，并以能办事、会办事受到上级领导的重视。

汪先生过去做市场营销时的经验告诉他人际关系的重要性，他能够被提拔为支行长，也是因为他市场营销做得有成效，这些多是来自于他所建立的良好的客户关系。

他当支行长后所建立的“联络图”正是人际关系的延续和放大，这也为他后来的工作打下了坚实的基础。

任支行长后，他更细心地加强人际网络建设，这是他做好工作非常重要的一步。但是，他并没有就此止步，而是在改善和优化上做了许多工作。

他的人际网络建设的细致程度是一般人难以做到的，这需要一个长时间的积累过程，更重要的是需要有这种意识，看到并利用它的价值。

对工作有用的资源绝不仅限于人际资源，但是它确实又是支行有效开展工作的最核心、最有整合价值的资源。

汪先生把人际资源作为做好工作最大的资源，实践证明，也正是这个在他心目中最大的资源成就了他。

他推动工作开展的法宝是人际资源，工作成果让他显示了人际资源的重要性，他的工作结果证实了他所建设的人际资源的价值，他自己也因此显示出了不同寻常的价值。

打造“特色”秀品牌

打造品牌应该是支行经营管理所追求的最高目标，也是支行营销的极致，是支行彰显个性的重要标志，是客户认可和接受的符号。

品牌经营在支行经营管理中的地位越来越重要，是支行所有经营管理活动中最具难度、最具价值的一项活动，是外界对银行评价的关注点。

支行品牌的打造与支行长个人的追求有关，支行长素质高、看得远、有思想，就会主动追求品牌建设，个人品牌也会在这个过程中形成。

支行的服务品牌与支行的准确定位有关，根据自己的目标客户群所提供的，或者最有特点的金融服务才能形成支行的品牌，并把品牌作为招牌。品牌是最具个性的，传统意义上无差别的金融服务不可能形成品牌。创造品牌就一定是在一般性服务的基础上找到自己的特色，并且能够给客户带来价值。品牌建设不是支行长一个人就可以完成的，一定是一个支行的全体员工凝心聚力的结果。并且要通过全体员工的不断努力去完善它、提升它。

一个支行推动品牌建设，说明这个支行的行长有着远大的职业理想，能以一个银行家的眼光去看待自己经营管理的支行。

支行一般没有产品设计权限和能力，其活动要受到方方面面的制约。支行要打造自己的品牌，就必须有各方面的支持，至少要突破来自各方的障碍。

品牌建设不是一朝一夕就可以完成的，甚至不是一任支行长可以完成的，它需要有远见的支行长甘愿奉献，还需要有能力的支行长接续努力。

像营销其他金融产品一样，银行品牌也需要营销。通过自我宣传，让上级、客户和社会接受，是支行在品牌打造过程中非常重要的工作。品牌有一个形成、发展、衰落的过程，怎样保持品牌的持久常新，这需要对支行的品牌进行持续的管理，不断赋予它新的内容和生命。

优秀的支行才能打造品牌，优秀的支行长才有能力建设、维护、管理和保持一个支行的品牌，只有优秀的支行长才有胸怀承受打造品牌的压力和机会。

“快点贷”送惊喜

袁先生是由市分行小企业中心副总经理岗位调任支行行长的，他运用在小企业中心积累的知识和经验来打造支行小额贷款的品牌，进而成就品牌支行。

他先是与市分行的相关部门合作设计了一款名为“快点贷”的贷款产品，准备通过结算柜台来办理，特点是快。

产品设计完成后，他便在贷款流程上进行设计，目的是让客户以最快的速度、最简单的手续、最直接的渠道获得急需的贷款。

“快点贷”的目的是解决客户临时的小额资金需要，特点是快，这就带来了风险控制问题。为了解决这一问题，他专门聘请了行业风险管理专家进行项目评估，最后找到了快捷与风险的平衡点，并通过了上级行的批复。

为了推行“快点贷”，他确定了三步走的渐进式推进方法。

第一步，突出快的特点，进行规模放量，吸引更多的客户，形成客户口碑。

第二步，提高门槛，增加保证措施，加大单笔额度，保留优质客户，保持特点，形成品牌。

第三步，跟进贷后，加强管理，进一步加大单笔贷款额度，吸引新的客户，保持品牌吸引力。

三个步骤大概用了一年左右时间，品牌初步建立起来。现在客户需要50万元以下贷款会自然想到这家支行。

由于“快点贷”的品牌效应，也吸引了一批新的客户前来办理其他业务。一些客户也因为“快点贷”与这家支行建立了业务关系，从此成为这家支行的忠实客户。如此一来，不仅支行的业务总量不断提高，而且还吸引了一批与这些客户相关的新客户。

由于他们品牌建设的成功，上级便及时总结了他们的经验在全行推广，袁先生也自然成为上级行的先进典型。

创建品牌并不那么容易，但是袁先生用了一年多的时间做成了，这其中自然有许多原因，根本原因还是袁先生的品牌意识和周密计划。

他在创立“快点贷”品牌的时候，正值全国上下都在想办法解决小企业融资难问题的关键时刻，天时、地利，再加上他运作时的人和，成功是必然的。

品牌有很多种，可以是产品，可以是管理，可以是服务，重要的是要像袁先生一样选择一个适合支行的品种。

品牌不是一句空话，而需要实实在在的东西。假如没有有特色的服务、独特的产品、适宜的管理模式，所谓的品牌就不可能被认可。

品牌建设有很多方式，袁先生采用的方式是他自己最熟悉的，并能够根据自己的经验尽快形成自己的特点，应该说这是品牌建设中比较好的方式。

支行长要知道自己有什么强项、有什么特色，知道自己的支行能承受什么样的品牌创造过程，知道自己所处的是什么样的环境，只有这样，这个品牌创造才会是适宜的。

袁先生在品牌建设过程中也形成了自己的品牌，这就是他走向目标过程中获得的副产品。

利用“客串”秀声音

银行是社会中的银行，支行更需要活跃在社会中以形成必要的知名度和美誉度，为自己的业务发展创造良好的环境。

支行一般不负责整体对外宣传，但它本身也有一个如何通过宣传来树立自己的形象，进而开拓市场、发展业务的问题。

支行对外宣传的主要形式是窗口宣传，然而这一宣传形式也多是由上级行策划和确定的。因此，支行在宣传的过程中怎样突出自己的特色，让客户区分和认可，确有许多文章可做。

还有一个重要的宣传渠道，就是负责营销的员工给客户传递的形象和信息。这对员工的要求比较高，客户会通过这些员工的声音和形象来判断这个支行。更重要的宣传是支行长的社会活动，支行长在社会活动中扮演什么角色、参与到什么程度，都对支行的形象有着至关重要的影响。

支行长参加社会活动的机会比较多，特别是在县域支行。县委、县政府是把支行长作为行政单位负责人来看待的，凡是涉及各单位、各部门的事情一般都会算上支行长，需要负责人参加的活动也一定少不了支行长。

但是有些支行长比较反感政府的这种做法，认为这是在耽误他们的时间，是陪着官员们做游戏，其实这正是支行长秀自己和支行绝好的“客串”机会。

有的支行长知识结构单一，特别是一些纯业务岗位出身的支行长。如果支行长没有什么业余爱好，除了存贷款外其他什么都不怎么会，那参与社会上内容广泛的活动时就会觉得力不从心。

有的支行长存在单一的业务观点，认为只要是与业务无关或者关系不大的社会活动就应该拒绝参加，久而久之，便把自己以及支行孤立起来了，难以形成相应的社会影响。

如果能够在社会活动中经常看到支行长的身影，听到支行长的声音，随着支行长知名度的提高，支行也会为社会所熟悉，业务才能紧随其后开展起来。

在社会活动中有很多“秀”自己的机会，“秀”自己的过程也是寻找业务机会的过程，只是需要选择好切入的时机和方法。

社会是一个大舞台，优秀的支行长总是能够找到自己在社会活动中“客串”一把的机会，找到机会之后的良好表演就具有非常重要的价值了。

“希望存款”带来新希望

武先生在县支行任行长，与当地党委、政府各部门一直保持着良好的关系，他与许多部门负责人都成了朋友，这些部门也成了他掌握市场信息的重要来源。

对那些非经济部门的负责人，他更是高看一眼，并主动挖掘那些软权力部门背后的价值，通过那些部门的权力来对社会资源实现优化配置。

他在与团县委负责人的交流中发现，他们想急于做点事情来表现自己的政绩，武先生便与他们共同商量策划了“希望存款”活动。

这一活动由团县委主导、组织和宣传，有效地规避了银行业监管的限制，并有效提高了存款组织活动的社会号召力。武先生所在的支行对每一份“希望存款”，按比例从业务经费中拿出一部分钱来捐赠给“希望工程”。这既承担了社会责任，又扩大了支行的社会影响，拓展了新的业务领域。

经过近一年的运行，“希望存款”取得了良好的社会影响。团市委推广了团县委的经验，并扩大活动规模，把“希望存款”变成了这个行在全市的活动。团县委被评为省、市先进团组织，这家支行被推荐为省级“青年文明号”单位，武先生也被评为“市先进工作者”。

通过组织“希望存款”活动，这家支行看到了新的希望，眼界也变得更宽，武先生也感觉到社会中有挖掘不尽的业务资源。

之后他又与县妇联合作，组织了“巾帼创业”活动。支行通过小额贷款支持妇女自主创业，并且通过这个活动盘活了一批以妇女为纽带的客户。

不久，这一活动得到上级妇联的重视，又联合上级行在全市推广，全市各项业务也因此受益，武先生作为发起人自然受到上级行的重视。

此后他又相继组织了“残疾人小额惠贷”残联贴息贷款项目、“压岁增值钱包”存款项目、“渔业互保”增收等多个项目，促进了业务发展，也为银行探索新的业务渠道找到了新路。

武先生能够主动与政府以及社会各界人士加强联系与沟通，找到共同语言，进而找到合作的契机，这是一种超乎业务之外的能力。

银行与政府在行为方式上有很大的不同，有些支行长甚至反感政府官员的作派，而武先生却能求同存异，寻求自己可能利用的机会。这不仅需要胸怀，也需要智慧。

从武先生组织的第一个活动开始，他的媒体曝光率就急剧增加，这不仅给他所在的银行做了广告，也取得了明显的社会效益和经营效益。

社会多是通过行长看银行的。

一个支行长在社会上自然代表他的支行，而武先生随着自身知名度的提高，他所代表的已经远远超出了支行，地方政府常常把他看作“银行界的代表”。

武先生社会地位的提高，是他参与社会活动的结果，在这个过程中他给社会带来了利益，同时也给自己带来了好处，这就是双赢。

走入社会，需要意识、胆量、信心，更需要能力，没有对社会组织的正确认知，没有相应的社会知识和能力，就不可能参与其中，更难以被认可。

武先生的优秀在于他不仅参与了，而且被认可了；不仅被认可了，而且创造了其他人难以创造的业绩。

第六章

面对未来，不断“升级”

支行长是一个为未来奠基的职业，因而支行长只有面对未来才有希望。在支行长的岗位上，人们看重的不只是你现在做了什么，还要看你为未来准备了什么。

当面对未来时，如果你在个人素质、能力等方面没有作出任何打算的话，你现在所做的工作就很难被人看好，甚至人们会因此放弃现在对你的选择。

支行长的岗位是一个能够让人得到超常训练的岗位，如果你在这个岗位上没有得到大家期望的成长，人们就不会看好你的未来。

走上支行长的岗位，几乎等于进入了人才的后备团队。这是受瞩目的一拨人，其一举一动都可能成为大家注意的焦点，因此支行长要格外注意自己的言行。

支行长也是被人们紧紧追赶的一拨人，员工们多把他们的支行长作为追赶的目标，你稍一迟疑就可能被身后的人赶超，甚至成为后来者的下属。

支行长是员工队伍中非常优秀的人才，但是优秀是一个过程，持续的优秀才能成为真正的优秀，过去的优秀并不能代表今天的优秀，更不能说明明天也优秀。过去因为优秀才被提拔到支行长的岗位上，这并不能说明你就适应支行长的岗位需要，持续地提高自己是支行长就职后最重要的课题。不断提高自己，让自己的职业素质不断“升级”，这不仅是支行长自身发展的当务之急，也是工作推进的眼前之需。

在支行长岗位上的升级，重要的是内在能量和潜质的升级。

第一，让理想启动自己的全部智慧和能量，支持自己走得更远。

第二，用道德推动自己人格的提升，防止职场“抛锚”和“跳水”。

第三，让工作激情永远燃烧，放大自己的岗位能量，提升人生价值。

第四，用良好的心态调适自己的工作情绪，保持自己稳定的工作状态。

第五，增加自己工作岗位的知识与科技含量，提高岗位的“支付能力”。

第六，增加工作情趣，让自己的岗位工作更有情调。

总之，要让自己优秀，要想持续地优秀，就必须不断推动自己“升级”。

让理想产生“杠杆效应”

理想是人生发展过程中的重要支柱，更是支行长成长过程中的强大动力。

一个普通银行员工成为支行长所要走过的路，一定是一条充满艰难的曲折道路，支持他走过这个过程的最重要的动力就是理想。

要成为支行长，要在支行长这个岗位上坚持下去并走向更高的层次，需要持续的动力。除了理想，任何一种动力都不可能这样长久有效。成为支行长，在银行内部就已经成为公众人物，从上级考核、考察，到员工请示汇报，履职的每一个过程都无法脱离人们的视线，无论心理还是体力都会处于疲惫状态。若想缓解这种压力，支持自己在公众的视线中有良好的表现，需要的就是理想给自己提供的永久动力。

理想也有高低之分。现在的支行长在当初走向支行长岗位之前，其理想应该是高于普通员工的。可一旦走上支行长岗位，能否把这种理想升级，就带来了后续能否发展的问题。

我们常常惊讶地发现，有些本来非常优秀的支行长，在支行长的岗位上待久了就开始懈怠，懈怠的结果是逐渐走向堕落，有的甚至从支行长的岗位走向了监狱。

理想对人生来说是一个“杠杆”，如果你选择的支点有问题，它产生的力越大，对你来说越危险。

人生是由理想串起的珍珠。再崇高的理想，如果不把它们串起来，也只是散乱的珍珠而已，难以成为令人惊羡的艺术品。把理想串联起来，一个个不起眼的理想就可能产生伟大的成就。

一个普通的银行员工是因为理想走到了支行长的岗位，今天的支行长也必须有理想的支持才能走向更加美好的明天。

每个人都会有惰性，支行长也不例外。治疗惰性最好的方法就是让自己的理想永远鲜活靓丽，吸引自己愉快地走下去。

一个有理想的支行长才能带出一个有理想的团队，一个有理想的团队才能所向披靡。

优秀的支行长就是在理想这一杠杆的撬动下不断迈上新的台阶的。

让我的员工昂起头来

邵先生被招聘到一家城市商业银行任支行长。

这是一家问题比较多的支行，原支行长因违规被开除，一些涉案员工虽然没被开除，但是也有一种灰溜溜的感觉，全行上下士气不振，业务指标也一路走低。

邵先生一到任就召开了“树理想、建功业”动员大会，号召全体员工挺胸做人，踏实做事，建功立业，塑造自我，并要求每个员工自愿认领工作任务。

他问大家，“我们怎样才能取得别人的信任”，大家的回答是做实事。他问大家，“我们能做好实事吗”，每个人都信心十足地回答“能”。然后他就把全行近期要做的实事进行分解，逐项落实到每个人的头上，最后果然完成得都不错。

他趁机鼓励大家，然后又与员工讨论追赶的目标，最后确定一家支行为追赶目标，把追赶的方式、方法、指标、任务一项一项分解落实，结果比预计时间提前完成了追赶任务。

就这样，全行员工一个支行一个支行地追赶，到了年底，他们支行的各项指标已经达到前几名，员工的精神状态也得到极大改观。

接着他又对员工提出了“素质最好、能力最强、奖金最高”的要求，并从技术水平、业务能力、指标完成这三个方面作了具体安排，针对每个员工的不同情况提出了具体要求。

团队需要的就是一种状态，一旦产生了上进的、你追我赶的风气，大家每天比的就会是谁做得最好，谁受表扬、受奖励最多了。

新的一年终了，总行组织综合评比，这个支行业务技术比赛总成绩第一，业务差错率最低，人均奖金最高，并超额完成了上级行分配的各项业务指标。

接着，邵先生又准备把自己的支行打造成支行长成长的摇篮。他的想法形成之后，就鼓动大家瞄准支行长的位置规划自己，找差距，定措施，加强学习，创建业绩，用实践证明自己。

在他的鼓动下，一个“比学赶帮超”的热潮形成了，他还经常利用会议时间给大家讲解当支行长的体会，提出应注意的问题供大家借鉴。

三年一度的岗位竞聘开始了，几轮下来，这个支行产生了一名支行长、两名副支行长、四名业务主管。这一下全行震动了，这个支行成了总行的员工管理标杆单位。

员工们在这个支行工作不仅心情舒畅，而且有成就感，人人为自己能够在这个支行里工作而感到骄傲，也对自己的未来充满信心。

邵先生能够应聘到这家支行任行长，他是带着理想来的，这样一个有理想的人，个人素质应该是比较高的。

理想来自于一个人对自己的自知和自信，只有这样的人才会知道如何实现自己的理想。

他对自己理想的实现并不急于求成，而是一点一点地展开，让自己实现理想的每一步都扎扎实实，切实落到实处。

他知道，在支行长的位置上，自己的理想仅靠自己是难以实现的，只有将自己的理想埋进员工的心里，并成为他们的自觉行为，理想才能变成现实。

他始终循着自己的理想阶梯走，从一个理想向着另一个理想过渡，始终有着更高的理想追求，并带领大家向着理想迈进。他的理想是一个明确的蓝图，有着清晰的图景，因而他也显得更理智，更有计划性。他的理想不是一天形成的，而一定是早在应聘之前就已经比较清晰了，只是应聘后找到了一个可以实现理想的平台而已。

保持道德的“调控能力”

银行是经营信用的，对道德水平的要求更高，对支行长来说尤其如此。

支行是银行经营管理最基本的单位，是服务的窗口，是一家银行的形象，它的道德水平直接关系到这家银行在客户中的品牌和地位。

支行长是一个支行的代表，他的道德“调控能力”越强，越能把持住自己，越能够始终带领支行按照正确的轨道运行。

支行长出问题常常出现在以下两个时段。

一是刚当上行长不久，权力一下子大了起来，权力欲也迅速膨胀起来，自我约束力就会下降，原有的道德“调控能力”就会慢慢失去作用。问题常常就在这个时候发生了。

二是在支行长的岗位上太久，银行内部运作流程已经相当熟悉，而且升职无望，容易利用银行的管理漏洞来营私渔利，一旦陷下去便不可救药。

在支行长的岗位上要真正保持道德的“调控能力”比较难，因为到了支行这一级，上级行的直接控制减弱，权力相对较大，监督弱化，整天被有求于己的人包围着，稍有不慎就会出问题，只要意识上出了问题就一定会“捅娄子”。

增强支行长的道德“调控能力”，除了法律制度的约束外，更重要的还需要支行长个人的道德修养，增强道德的觉醒能力、自律能力、自警能力和危机意识。

支行长需要养成自觉按照法律法规办事而不通融、坚决执行上级行的规章制度不走样的习惯，自觉接受来自上级行的约束，规范自己的经营管理行为。

支行长是支行的最高领导者，对支行的经营管理负责，大权独揽，只有自觉接受员工的监督，虚心听取员工的意见，才能让自己始终保持道德的“调控能力”。缺乏道德“调控能力”的支行长不仅难以成就优秀的支行，还可能为银行的未来发展埋下隐患，甚至让银行蒙羞。

优秀的支行长一定是能够始终保持道德“调控能力”，善于约束和管理自己的人。

为客户服务是我的本分

庄女士自进入农村信用社起就没收过客户的任何好处，当了支行长之后她更是随时提醒自己要时刻注意，千万不能因为一时糊涂，玷污了自己的职业清白，让父母、孩子也抬不起头来。

庄女士的父母是银行界的老前辈。她刚入行时，父母就告诫她，单位给的钱够花了，千万不要贪人家的小便宜，做人一定要有尊严。

她记住了父母的谆谆教导，但是社会是复杂的，有时候请客送礼的事想躲都躲不开，特别是当了支行长之后，人们更以各种名义与她套近乎。

为了保持自己能够清白做人，她把办公桌搬到了营业大厅里，日常工作都在员工的视线中进行，原来在办公室里纠缠的人也小心起来，减少了迎接和拒绝的麻烦。

她告诉家里人，不是她列出的电话一律不接，不是她列出的人员来访一律不开门，特殊情况一定要事先沟通好再定。

例行的走访，个人的财物她一律不收，单位的东西有专人登记造册和管理，然后由全行统一分配使用，食品炊具类交给食堂用作员工生活补贴，其他用作支行走访礼品。

有一个客户在经营中资金紧张，她按照相应的流程帮助他解决了一部分资金后，又协调其他银行解决了一部分资金，从而解决了客户的燃眉之急。客户非常感动，非要“表示表示”，她说：“为客户服好务是我的本分，有什么好表示的。”

但是客户的心意没有表达出来，心里总是放不下，三番五次地找她。她觉得人家真心实意，总是推脱有些不近人情，便组织员工到这家企业参观学习，了解企业的生产和运行，体会企业员工的工作状态，然后与企业管理层和员工代表共进晚餐，不仅增进了相互之间的了解，也加强了相互之间的友谊。

从此，这家企业便成为支行的最忠实客户，而且由于这家客户的关系，又开发了一些新客户，也由于这家客户所形成的品牌，支行的忠实客户越来越多。

员工从支行长的行为中看到了严格约束自己对单位、个人的好处，也都把严格约束自己作为一种自觉的习惯。

庄女士并不是不食人间烟火的怪人，她从上辈人的职业经验中知道自己的作为会给自己带来什么，在这一点上应该说她更理智。

在银行工作，一般的物质生活需要应该都能够满足，但是人的欲望是没有边界的。这时，自我约束能力就尤其重要，而庄女士就能很好地约束自己。

未来不是取决于你有多少“外快”，而是取决于你能做多少事情，能创造多少业绩。放松自己就是放弃未来。

庄女士也知道，生活在当今的社会中，由于支行长在人们心目中的特殊地位与作用，自己如果不能自省，不能从思想意识中解决道德的“调控能力”，后果是会非常可怕的。

有人觉得她采取的这些办法有些不近人情，但是她知道，人一旦原谅自己，就可能没有什么事是不能做、不敢做的了，因此庄女士做得比较决绝。

庄女士知道严格约束自己会带来哪些好处，这让她可以挺起胸膛来为人处世，人们会更加敬佩她，因而也更愿意与她打交道。她的举动也并没有给她带来什么不利影响，相反却得到了人们的认可和客户的赞誉，进而使支行拓展了市场空间。

降低激情的“燃烧点”

激情如同燃料，燃点越高越不容易点燃。要让自己的激情始终燃烧并放射出绚烂的光彩，就需要降低自己激情的“燃点”，随时准备去点燃它。

一个普通的银行员工能够走上支行长的岗位，一定有一个激情澎湃的过去，并在激情的支持下创造出了良好的工作业绩。

工作激情是做好工作、创造业绩的重要动力，工作激情可以支持一个人从容面对各种艰难困苦，乐于面对各种挑战。

工作激情可以让一个人无视各种工作压力，甚至乐于承受压力，并且在工作压力的刺激下创造出更优异的成绩。

在走上支行长这一岗位之前，一般人的激情“燃点”比较低，工作热情容易被激发出来，而且一般都没有太在意努力工作之后会给自己带来什么，充满激情只是他们的生活状态。但是一旦在支行长这个岗位上待久了，曾经的激情就会渐渐消退，甚至会认为自己曾经的工作激情有些幼稚，随之而来的是一种对什么都无动于衷的“所谓成熟”。这种“所谓成熟”实际上是内心的麻木，他们工作激情的“燃点”逐渐升高，想点燃他们的工作激情已经相当困难。

出现这种问题多是因为他们已经失去了未来的目标，似乎看到了职业生涯发展的瓶颈，已经很难找到工作对未来的意义，工作已经不再是他们的乐趣，而是艰难的责任。

要降低工作激情的“燃点”、保持旺盛的工作激情，就需要令内心柔软起来。

第一，回顾曾经有过的工作激情状态，去感受那时的快乐，从中体会工作激情是怎样把自己推到今天这个位置上的。

第二，看到未来的使命，明确未来的工作目标，找到未来职业生涯发展的路径，让自己不能懈怠、不敢停留。

第三，调整工作状态，让自己远离舒适区，重新接受艰难困苦的考验，用行动证明，组织对自己的选择是正确的。

人人都有惰性，暂时或偶然出现的激情降温也属于正常现象，但是如果得不到及时的矫正，就可能激情不再，如此一来，未来就会被断送，事业就会受到损失。

优秀的支行长一定都是永葆澎湃激情的人。

寻找挑战

黄先生从城区支行来到矿区支行任行长，这里的一切对他来说都是陌生的。

比如环境的陌生感。他已经熟悉并适应城区的工作方式，矿区究竟应该怎样去开展工作，他心里真的没有底，但是愿意接受挑战的心理准备让他很快镇定下来。

经过调查，他了解到矿区的人比较豪爽，有拼酒的习惯，不大注意细节，有时不遵守规则，但是你一旦成为他们的朋友，他们就会尽朋友的义务。

黄先生并不怎么喜欢喝酒，但是为了融入矿区，他频繁地奔走于各类社交场合，半年时间就认识了一大帮朋友，他们也都觉得黄先生够朋友。

随着朋友的增多，友谊的加深，他在当地基本站住了脚，业务也开始平稳地开展起来。

第一步比较顺利地完成了，接着便是在已经瓜分完毕的市场上拼争，特别是那些与矿区生产有关的大户，更是被各家银行盯得死死的，这对他来说是一个不小的挑战。

他主动与同行交朋友，了解市场信息，学习别人的经验，寻找竞争制胜的方式。当他了解到一笔上亿的矿区改造资金要进来时，眼睛立刻亮了起来，激情一下子被调到了极值，他决心在这场拼争中施展拳脚。

他马上进入状态，了解这笔资金的来龙去脉，了解这笔资金的操盘人和决定人，然后寻找关系切入，以最快的速度接触到这笔资金的直接关系人，走在了别人的前头。然后他派专人跟进服务，保证了这笔资金如期到账。

这一次的收获激发了他在市场竞争中绝不善罢甘休的激情，甚至带着一种即便不是为了这笔业务，就是为了参与竞争的快感也要实打实地比试比试的心理开展工作。

有了这次经验，他更是信心满满，轻车熟路，连续有几笔大的存款相继入账，这让他体会到了寻找挑战给他带来的满足感，也为他的业务发展打开了局面。

接着，他又准备用打入内部的方式抢占更有利的竞争位置，于是，他开始策划以在企业开展金融知识讲座的形式拉近与企业的距离。金融理论的讲授并不是他的专长，但是为了更好地推进业务发展，他必须接受这一挑战。

他开始有计划地读起书来，进一步整理自己的金融理论知识，学习讲课技巧。他把那些深奥的金融理论作了通俗的阐释，并用自己的亲身实践进行了说明。

一切准备就绪，他第一次开讲就引起了轰动，各家企业纷纷找他作有关金融理论、经济金融形势、银行在企业运营的作用等的报告，他真正成了企业的朋友和顾问。

从此以后，各家企业有什么问题常来找他咨询商量，很多企业都把他当作自己人，甚至有些内部消息也不背着他，有时还找他寻求对策。这时业务开拓对他来说已经不是挑战，而是一种生活的乐趣了。

黄先生敢于接受挑战，并不是因为他有比别人更了不起的处理挑战的能力，而是工作激情支持他去面对挑战，并能在接受挑战的过程中找到解决的方法。

人一旦不惧怕挑战，就没有什么挑战可以阻止他向前的步伐，反而能够在接受挑战的过程中成熟和发展起来，进而有能力接受更大的挑战。

当你能够战胜挑战的时候，挑战对你来说就不是艰难困苦，而是一种奋斗的快乐，你也就会更乐于接受这种挑战。

应该说，黄先生刚开始面对挑战的时候是被动的，但是他那种敢于拼争的激情让他没有在挑战面前退缩，而是找到了恰当的应对方法，并最终战胜了挑战。后来便是他自己寻求挑战，因为挑战给他带来的不仅是战胜挑战的能力，还有心里的满足感和成就感。

寻求挑战也不是毫无目的的，黄先生总是选择他熟悉的、有一定基础的、有充分准备的挑战项目，这也是他能够成功的关键。

把握情绪“均线”

支行长的情绪可以左右支行员工的情绪和工作状态，一个情绪稳定的支行长才会带出一个思想稳定、工作认真、团结协作的支行团队。

一个修养高的人也会出现暂时的情绪波动，更何况我们这些身在职场中的平凡人。

支行长的工作压力非常大，因而情绪也会时常受工作压力的影响，有的甚至因为工作压力而导致情绪失常，甚至因一时情绪激动而做出离谱的事情。

优秀的支行长能够较好地把握和控制自己的情绪，一般不会在情绪波动时作出决定和处理问题，而会在稳定的情绪状态下做具有决定性的工作。

支行长的情绪波动往往也是一种责任感的表现，他们常常会在想做却难做、想做好却做不到、做好了却得不到肯定时出现情绪上的波动。

其实也不是没有情绪性表现的支行长就好，而是没有不良情绪表现或者能够较好地控制自己情绪的支行长才是优秀的。

一个人情绪的好坏常受环境影响，对支行长来说，外界的影响会更大，有时上下左右的不良情绪都会传导给支行长，此时如果修养不够就会被这些情绪所左右。

支行长的情绪有时高一些有时低一些，有时好一些有时差一些。这些都属于正常现象，重要的是能够把自己的情绪控制在“均线”以内，不至于离谱出问题。

具有个人情绪把握能力的支行长会始终保持乐观向上、兴奋积极、满意快乐的情绪，从而在良好情绪的推动下愉快地完成各项工作。

支行长一方面要承受极大的工作压力，一方面又缺少宣泄的渠道，如果长时间在焦虑甚至恐惧中承受这些压力，总有一天会崩溃的。

支行长在多重压力下能够有效把握和控制自己的情绪，把情绪调整到一个适宜的程度，有利于保持工作激情和活力，容易创造良好的工作业绩。越是优秀的支行长，情绪控制得越好。

倾听的力量

秦女士刚任支行长不久，就遇到客户大闹营业厅的事。

当时秦女士正在办公室与班子成员谈工作，只听营业厅里大吵大闹，她走下去一看，一位老年女客户正指着值班柜员的鼻子大骂。

她微笑着说：“大妈，您骂几句解气了吧。我是这儿的行长，您要想解决问题还得找我，您再骂，我可就不管了。”老太太听了她的话便去了她的办公室。

秦女士说“当时见老太太骂员工自己也压不住火，但转念想想，表达愤怒会使事情更糟”，她认识到了情绪控制对于解决问题来说更重要。

老人到她的办公室后，情绪仍然非常激动，不停地大吵大闹。秦女士只是静静地看着她，没有说一句话。渐渐地，老人的情绪缓和下来了。

当老人停止吵闹后，她问：“老人家，怎么了？”

“我的存折找不到了，她不给我挂失。”老人愤愤地说。

“她为什么不给你挂失？”

“她朝我要身份证，我没带。”

“需要身份证这是制度规定，她不能违反啊。”

“可是我的钱……”

“您口头挂失后我们会保证您的资金安全的，但是您必须在规定时间内把相关手续补齐，我们才好按规定办理。”

“可是那个小丫头说话太不中听。”

“老人家，如果空口无凭您说什么她就做什么，您的钱还安全吗？您把钱放这儿还放心吗？她严格按规定办，实际上是在为你们家的钱负责呀！”

老人似乎听明白了其中的道理，赶忙说：“哎呀，我错怪了人家闺女，真对不起。”

“这倒没什么，只是以后有事要慢慢商量，别在营业大厅里大吵大闹，这样影响多不好啊！”

老人确实认识到了自己的错误，来到营业大厅向那位柜员真诚地道了歉。

在送老人出门的时候，秦女士说：“我们的员工都很年轻，有时候压不住火气，有做得不好的地方请您多批评、多担待。”

老人觉得自己的做法实在欠妥，给银行带来麻烦和影响，并表示要用实际行动来弥补。

从此以后，那位老人到处宣传这家支行的好处，还鼓动不少街坊邻居来这家支行办业务。

在处理这件事上，秦女士并没有用什么高超的危机处理技巧，关键是她很好地控制住自己的情绪，压住了火气，使局面在自己可控的状态下得到了较好的处理。

有人在银行的营业场所大吵大闹，这对银行的形象和营业秩序都是一种破坏，很多人面对这种局面都压不住火气，激化了矛盾，甚至要报警求助。

一旦控制不住自己的情绪，再简单的事情都有可能发展到不可收拾的地步。

秦女士静下心来倾听，也是平静自己情绪的一种方法，同时也给对方留出缓解紧张情绪的时间，并对对方冷静下来产生一种引导作用。

当你静下来，对方无论怎么激动、怎么吵闹，都坚持不了多长时间，他甚至会自己觉得没趣而停下来，这时候才有机会开展工作，也才会有效果。

当一个人理智地想问题、处理事情，才会清醒地知道什么是对的、什么是错的，对别人的话才能听得进去，才会理智地进行分析和判断。

老人承认了自己的错误，是因为她在恢复理智后，发现银行确实是为她着想，银行员工按制度办事没有错。这正是秦女士想要的结果。

后来老人积极为银行做工作，是这件事妥善处理的扩展效果，比秦女士的期望更高。

提高学识的“支付能力”

在支行长的岗位上，你有多少知识都不会白费，而且无论你有多少知识都会感觉好像不够用，当上支行长就意味着要不断学习，否则你的未来就很难被看好。

我们正处在一个知识爆炸的时代，银行业又是一个知识折旧率非常高的行业，形势稍有变化，原来掌握的知识、熟悉的技能可能就派不上用场了。

加强学习、提高自己学识的“支付能力”是每一个支行长必须面对的最重要的任务，特别是在金融全球化，金融形势急剧变化，金融监管方式趋紧、趋细的今天更是如此。

支行是银行各项业务指标的直接承担者，在客户越来越挑剔，风险不断累积，市场已被充分瓜分的情况下，银行业务拓展的难度增大，这对支行长的能力要求就越来越高。随着金融形势的急剧变化和支行管理难度的增加，作为一名支行长，原来所掌握的金融知识，有的已经过时，有的则开始出现空缺。迅速优化现有的知识，扩展新知识，已经是摆在每个支行长面前的重要课题，必须加以认真对待。

作为支行长，有着丰富的金融知识和职业阅历只是给自己胜任工作打下了基础。要想在激烈的市场竞争中得心应手，还需要把知识与经验很好地结合起来，变成自己的独门绝技。

一般来说，能够走上支行长的岗位，一定是在银行里摸爬滚打了多年，经过了千锤百炼的结果，但是这些经历如果不能上升到理性思考，并在理论的指导下解决复杂多变的具体问题，便毫无价值。

支行长的岗位对知识、能力、素质要求相当宽泛，不学习不可能胜任，不提高学习的效率不可能干好，不学懂弄通更不可能优秀。

优秀的支行长一定是学习能力超强的人。

“我经过研究觉得”

魏先生是大家公认的支行长中最爱学习和钻研的人，他的口头禅是“我经过研究觉得”。

魏先生是从市分行办公室副主任的岗位调任支行长的，尽管支行的业务繁忙，但是他仍然不放松学习和研究问题，总爱把自己琢磨的问题形成文字。

到了支行后，他把理论学习与支行的具体工作结合起来，使他的研究更深入，更容易解决支行所碰到的具体问题。

一到支行他就着手把支行经营管理的各种问题进行整理分类，并选课题进行深入研究，第一年就发表了两篇针对支行经营管理的理论文章，获得了业内好评。

最近他又准备出版一本关于支行经营管理的书，系统阐述他对支行经营管理的看法、想法和方法，用以指导自己，也可以帮助大家。

有一段时间，各家银行对打造核心竞争力的问题比较关注，魏先生所在的银行也在抽调人手研究这一问题，意在打造本行的核心竞争力。当他们的研究有了初步成果后，便找到魏先生征求意见。他没有当即表态，表示要研究后再给他们答复。

魏先生结合本支行的实践学习相关理论，查找资料，作调查研究，形成了自己的看法，并把这些理论、观念和看法写成了理论文章。他认为，在当今银行同质化倾向十分严重的情况下，风险控制、产品开发等都难以成为本行的核心竞争力，而只有服务能够成为目前形成差别的关键。他提出本行应该把“灵活高效，精益求精”作为核心竞争力来打造，让员工对客户的服务“精益求精”，切实让客户感受到“灵活和高效”的服务。

上级行对他的观点进行了认真的研究和讨论，觉得有道理，便将其列入了全行企业文化建设的重要内容。

由于魏先生不断研究支行经营管理中的各种问题，他所在支行的经营管理总是在相应的理论指导下运行，与其他支行相比具有了自己明显的特色。

他的研究成果得到了上级行的认可，第三年就被交流到其他二级分行任副行长。他始终把支行作为理论研究的基地，并把研究内容的重点放在支行的经营管理上。

魏先生的性格比较内向，这在银行职场里是不被看好的类型，但是他不到四十岁就升任二级分行的副行长，完全得益于他的“经过研究”的习惯。

每个支行长都知道持续学习对个人发展的意义，但是能够真正像魏先生这样结合工作深入学习的，确实不多。

魏先生持续学习的习惯和能力不是一天养成的，这不仅需要自觉的学习意识，还需要一种关注未来发展的远见，要有“不学习就会被淘汰”的危机感。

每个人都应该找到适合自己学习的方式，找到持续提高自己职业能力的通道。

提高自己职业能力的方法和渠道很多，魏先生不断给自己设定新的学习和研究目标的方法值得借鉴。

职业能力的提高不仅来自于学习，还需要反复地实践和总结，魏先生的与众不同之处就在于他对自己从事的工作不仅认真对待，而且千方百计地思索论证，直至彻底研究明白。

让高雅情趣为岗位“添彩”

有人说，能当得了支行长就没有干不了的活，没有什么本事可以在支行长的岗位上造成浪费。这话有一定道理。

一个支行长要想带好支行这个团队，仅靠知识、技能、制度是远远不够的，还需要更多业务工作之外的东西充实员工的生活，这就需要支行长具有广泛、高雅的生活情趣。

具备广泛、高雅的情趣，对于支行长来说，不仅是给自己的生活“升级”，给自己的工作“升级”，而且是给自己管理的支行“升级”，可以为自己的日常经营管理活动注入新鲜的气息，提升管理的品位。

如果一个支行除了工作之外就没有别的事情可想、可说、可做，那一定缺少趣味和活力，相信没有谁愿意在这种工作环境下生活，因而也不会有凝聚力。

一个支行就像一个家庭，所有员工除了各自扮演不同的角色之外，每个人要在这里找到归属感，找到情感的寄托，找到在这里工作下去的理由，而这些仅靠生存的手段是不能持久的。

人的需求是有层次的，除了生存之外，还要讲究生活的品位、生命的价值，要实现这些愿望仅让员工为了生存奋斗是不够的，还应该让他们生活得有情趣。

银行的员工，应该说早已满足了温饱的需求，他们必定想要追求更高层次的东西，这就需要支行长给大家营造一个好的环境，让大家实现更高层次的需求。

一个除了工作之外什么都不感兴趣的支行长，不可能有很多的追随者，而没有很多追随者的支行长就很难形成号召力，没有号召力就难有工作业绩。

工作只是生活的一部分，要让员工精神振奋、充满活力，增强满足感，就不该让本来的生活出现残缺，这与支行长本人的生活情趣如何，有直接的关系。

高雅的生活情趣有一个培养的过程，支行长不可能是生活全能，如果自己的兴趣不是很广泛，就应该有意识地培养生活情趣，特别要鼓励员工展示自己的生活情趣。

每个人都会有自己的情趣偏好，支行长应该以开放的胸怀接纳有不同生活情趣偏好的员工，并鼓励他们展示出来，为全支行的工作和生活增添乐趣。支行长还应该对员工的生活情趣进行适当的引导，让他们的生活情趣逐渐高雅起来，这对全行的工作和业务开展将起到积极的推动作用。

优秀的支行长不仅业务经营做得优秀，也一定具有广泛高雅的生活情趣，并用高雅的生活情趣经营自己的支行，让自己的支行和员工都优秀起来。

书法展

尹先生小时候在祖父的影响下，练过一段时间的书法，上班后便把书法作为自己的一种业余爱好。他虽然也参加过一些书法比赛，但是平时很少以书法示人。当了支行长后，他想让自己这点本事在改善员工工作状态上发挥作用。

他看了看所有员工写的字，基本都是“书法盲”，想培养员工的书法兴趣可能非常难，也不是一两天可以见效的。他先是给每个有孩子的员工写了一幅字，鼓励孩子好好学习。

员工并不知道他们的支行长字写得这么好，更没想到支行长会给他们的孩子写字，这一下子把大家的兴趣调动起来了，他们希望自己的孩子也能对书法感兴趣。

这时尹先生主动提出用业余时间教孩子们练字，员工们一下子激动起来，这是他们花钱都买不来的好事。

有孩子的员工立即忙活起来，向他咨询，给孩子买笔、买纸、买墨，开始关注起书法来，有些员工还特意付费购买了书画电视频道，有的还订阅了书法期刊。

尹先生定在每周六在单位会议室里开班，第一天开班时有的员工甚至全家出动。

原来孩子练字，家长在旁边看，在尹先生的鼓励下家长们也开始拿起笔来，渐渐地也对书法有了兴趣。尹先生告诉员工，他们对孩子的示范作用比一大堆说教都管用。很多员工在尹先生的引导下，为了孩子的成长也开始刻苦练起了书法。

随着活动的持续开展，一些年轻员工也参与了进来，全行大部分员工业余时间都练起字来。大家在一起比着，每个人都不愿落后，书法水平进步很快，特别是一些家长看到自己孩子的进步，更是说不出的高兴，他们由衷地感谢支行长。

开展书法学习活动，丰富了员工的业余生活，增加了员工之间、员工家庭之间的沟通和了解，密切员工之间的关系，增强了支行的凝聚力，活跃了员工的工作和生活气氛，大家感受到了在支行工作的轻松与快乐。

一年后他们组织了第一届支行书法成果展，每个人都展出了自己的书法学习成果，还邀请了上级行领导、兄弟行和客户参观展览，这更激发了员工及家属学好书法的决心。这次书法展还被上级行评为全行的“十大新事”之一。

乍一看，书法与支行的经营管理没有任何关系，但深入进去你就会发现，书法学习活动已经影响到了员工的精神面貌，也影响到了一个支行的文化内涵，同时也影响了客户的看法。

尹先生并没有硬性规定大家必须做什么，而是从大家的注意力出发，用自己的爱好和情趣来引导大家的兴趣，进而激发大家的参与热情。

从尹先生的身上我们可以看出，支行长个人的素质、情趣、爱好对员工有着极大的影响，如果再施以主动的影响，那种推动力是巨大的。

支行的工作状态决定于支行长的素质和能力，支行的工作气氛同样也与支行长的个人兴趣和气质密切相关。

如果支行长情趣高雅，员工甚至家属以及身边的人也容易脱离低级趣味。高品质的生活需要高雅的情趣，一个支行良好工作与生活氛围的形成也一定需要一个情趣高雅的支行长。

第七章

面对前途，勇于“展望”

发展前途应该是每个人都非常关注的问题，支行长的岗位对支行长的发展历程来说也绝不是终点。未来在哪，未来的路该怎样走，都需要支行长加以认真思考。

想有一个好的发展前途，这不仅没错，而且有利于个人素质的提高和银行事业的发展，但是发展不只是想想就行，而是需要一个相当艰难的过程。要发展就要克服重重困难，每个想发展的支行长都必须要有充分的思想准备。发展的路很多，选择怎样的发展路径，这也是需要认真思考和对待的。

所谓发展并不仅仅是职务的提升，而是有多种发展取向供你选择，重要的是你的价值观和个人志趣，再加上你为未来的发展作了多少准备。

人生不能没有目标和方向。支行长的岗位只是人生的一站，下一步向哪个方向走，要达到什么目标，需要不断地认识和规划。个人未来发展得怎样，常常取决于一个人的眼界和眼力，看得远、看得准才能走得好。任何一个职业成功的人，一定是看准了远方并坚定地走下去的。

看长远，看未来，看发展，至少要在以下几个方面做些工作。

第一，作好个人的职业生涯规划，为自己的未来作准备，努力奋斗。

第二，组织好个人的岗位经营，为自己的工作和事业加分，为未来的发展搭筑台阶。

第三，时刻为自己敲响警钟，防止个人自觉不自觉地在走向未来的道路上埋设“地雷”。

第四，提高自己的把控能力，防止顾此失彼，提高自己的“总成绩”。

第五，加强未来发展状态的预测，随时为自己找到发展的机会。

第六，建立良好的人际关系，以便在职业生涯发展的关键时刻获得支持。

任何事情都有方法，面对前途和发展问题也应该去寻找一些适合自己的方法，方法合适才可能提高个人职业生涯发展的成本收益比。

完善自己的“发展战略”

从一名普通员工走上支行长这一岗位的人，一定是从入行的那一天起就对自己的未来作过美好的设想，并为此付出了艰辛努力的人。而从支行长的岗位再向前走，很多人就会犹豫、迷茫和反复，这主要是没有及时调整、完善自己的“发展战略”所致。

所谓“发展战略”就是在自己的世界观、人生观和价值观的指导下，为了长期的生存和发展，在充分分析外部环境和内部条件的基础上，选择和确定自己未来的发展目标，制订一整套科学合理的职业生涯发展解决方案。

“发展战略”是一个人职业生涯发展过程的行动纲领，关注的是职业生涯发展过程中的重大问题和最终目标。可以说，有什么样的“发展战略”就会有什么样的职业生涯发展状态。

“发展战略”会通过制订职业生涯发展中的个人使命、发展目标、阶段任务等来协调职业生涯发展各阶段的相互关系，以实现整个人生的增值，确保职业生涯发展最终目标的实现。

制订“发展战略”时，需要对可能影响个人职业生涯发展的社会、行业和竞争环境等进行分析，找到发展趋势，与自己的性格、经历、特长、优缺点等结合，选择能够更好地发挥自己优势的任务和目标，有计划地一步一步施行。

要完善自己的“发展战略”，至少要在以下六个方面作好准备和推进。

第一，要确认自己的定位，正确认识自己，选择最能够发挥个人优势的方向以寻求突破。

第二，要分析内外环境与条件，承受自己必须承受的，利用自己可以利用的，改变自己能够改变的，做自己可以决定的，确定职业生涯发展的路径。

第三，要确定使命和目标，明确自己为什么要继续做下去，树立自己的人生观和价值观，找到未来发展的主攻方向和近远期目标。

第四，要确定战略结构，让自己在知识完善战略、技能提高战略、经验增长战略、核心品质与能力培植等战略的实施和推进过程中达成整体战略的实现。

第五，要组织资源配置，知道自己的职业生涯发展需要什么样的资源，还缺少什么样的资源，不同的资源叠加会有什么效果，使缺少的资源尽快培植，多余或不需要的资源尽量削减，核心资源尽可能做大，夯实和充实职业生涯发展的基础和能量。

第六，要完善实施细节，一件事一件事地去做，把使命和目标分解成一个个与战略密切相关的具体事件，并建立有效的反馈机制，把在实施中发现的各种问题及时反馈到各个环节，及时修订原来的设想，使职业生涯发展更加完善。

突破瓶颈

韩先生在任支行长之前就对自己的未来发展作了详细的规划，他把到达支行长的位置分为三步走。

他是1988年的高中毕业生，招工到了一家国有商业银行，后来到银行培训学校进修，1991年取得大专文凭。那时具有大专文凭的银行员工还不多，在离岗学习的几年时间里，他不仅系统学习了金融理论知识，也对自己的未来作了初步设想，并努力使设想变为现实。

第一步，他想通过努力钻研业务，两年内成为岗位技术能手，得到大家的认可。

第二步，通过创造相应的业绩，三年内成为办事处负责人。

第三步，通过提高管理能力，把办事处管理出特点，五年内成为支行长。

这三步，他通过有步骤的努力，每一步都顺利地实现了。

到了支行长的岗位之后，下一步该怎样走，他原来的规划方向有两个：一个是到上级行部门任职，加强专业研究，成为某一条线的专家；一个是对战略研究花些功夫，积累更多的经营管理经验，成为上级行的副职。

他经过分析研究，认为这两个方向并不矛盾，甚至可以互补，特别是第一个方向的实现更有利于第二个方向的实现，最后他把目标定在上级行副职上。

他首先研究了系统内人员晋升的规律，认为在支行长这个岗位上获得晋升的可能性比较大，重要的是要找到晋升的基本要求的路径。

他按照上级副职晋升的一般要求，对自己的现有条件和状态进行了分析。

第一，个人所具备的知识、能力、经验能否胜任，还需要进行哪些补充和调整。

第二，自己所表现出来的行为和业绩是否令领导和员工满意，还应该怎样做。

第三，个人所形成的人际关系是否恰当，怎样获得领导和同事的支持。

第四，平时所表现出来的领导能力和工作状态能否引起人们的注意，应该怎样做。

第五，个人所形成的工作特色和优势是否足以超越竞争对手，应该注意什么。

第六，是否在有限的时间里做了最重要的事情，怎样提高工作效率。

第七，有哪些机会需要注意和抓紧，现在应该作哪些机会上的积累和准备。

第八，自己现有的资源是否配套，应该对哪些资源进行有效的开发和利用。

经过深入地分析，韩先生对自己和环境看得更清楚了，行动更自觉，工作更有针对性，而且对机会的把握也比较恰当，很快便在众多的支行长中崭露头角。

他在任支行长的第四个年头，如期成为上级行的副行长，而且他的专业也达到了相当高的水平，后来被调到省分行计划信贷部任总经理。

韩先生与其他支行长一样，也遇到了支行长岗位发展的瓶颈问题，他与其他人的不同之处在于，他利用职业生涯发展战略的构想突破了这个瓶颈。

韩先生所处的环境有其特殊性，但是他完善自己的“发展战略”，推动自己不断迈上新台阶的方法，却有普遍性的借鉴意义。

在完善自己的“发展战略”的过程中，不断让自己变得更优秀。

韩先生在自己的职业生涯发展过程中不是盲目的，而是始终围绕个人的发展目标来组织自己的职业行为，让自己的每一次努力都有实际意义和效果。

韩先生在发展过程中始终关注整体和竞争对手，而且努力使自己比竞争对手更强，从而始终在整体职业行为中起引领作用。

韩先生对自己的分析非常透彻，对他人和环境的了解也非常透彻，这让他的每一次努力都非常自觉和有效。

韩先生职业生涯的顺利发展，与他长期以来注重个人的长远规划有直接关系，他不仅从过去的成功中获得了经验，也获得了信心。

把自己塑造成“畅销产品”

对于走上支行长岗位的人来说，他的优秀一般不会有人怀疑，但是能否继续优秀下去便一定会有人怀疑，这时候就需要用素质、能力和业绩来证明自己能持续优秀。

在支行长的岗位上能够表现自己的机会很多，可利用的空间很大，但是核心问题是怎样把自己塑造成“优质产品”，成为银行职场的抢手货。

要想在未来的职业生涯发展中站稳脚跟，让自己的价值最大化，让别人了解你、欣赏你，争取到适合自己的职位和地位，就必须把最优秀的一面展现在别人面前。

塑造优秀的自己不仅需要知识、能力、人品等素质的支持，需要工作勤恳，任劳任怨的努力，还需要树立自己良好的形象，增加个人在职业生涯发展中的魅力，提高人际支持度。

要塑造自己，至少要在以下八个方面做好工作。

第一，要把自己当作一件产品来对待，在产品的质量上下些功夫，成为工作岗位上的“耐用品”，而非“一次性消耗品”，更不是“处理品”或“废品”。放在工作岗位上要让人放心，让人有购买欲望。

第二，要适销对路，为现实工作岗位和未来发展所需要，最好能够成为紧缺人才。

第三，要有好的包装，无论是外在形象还是内在气质，或者是表现出来的生活和工作状态，都能够让人看好，至少不能让人看着心烦。

第四，要形成好的品牌效应，打造核心竞争力，最好能够让自己成为行业或是系统内的知名人士，让自己和所在的支行成为本系统的招牌。

第五，要努力提高自己的性价比，调适自己的心理预期，少提要求、多出绩效。

第六，要建立相应的营销渠道，提高知名度和认可度，让更多的人了解你、信任你，关键时刻帮你走出职业生涯发展的重要一步。

第七，要完善促销方式，创造良好的自我营销环境，随时抓住展示自我的机会，让接触过你的人成为你的“义务宣传员”，找到赏识你的关键人士，获得更多人的认可。

第八，要建立自己的目标市场，知道自己未来应该在哪些方面获得发展，在哪些方面能够有所突破，找到未来可能最适合自己的工作岗位，选择可以容纳和发现自己的平台。

如果能够注意这些问题，你就会发现自己的优势，就会知道向哪个方向努力，利用什么样的方法和步骤实现自己的未来目标，优秀就是早晚的事。

“筹建专业户”

关先生是一家股份制银行分行的元老，从筹建分行开始，三年来一直参与和负责分行与支行的筹建，他曾经担任过多家新开业支行的行长。

分行筹建结束后，他就负责第一家支行的筹建。筹建工作不仅麻烦，还因为各种条件不具备，加上人地生疏，还要到处找关系、跑人情，办事的难度可想而知。但是关先生却没有任何抱怨，乐呵呵地接受了这些工作任务。

他借鉴了参与分行筹建的经验，使各项工作都开展得比较顺利。第一家支行提前开业了，他理所当然地成为这家支行的行长。第二家支行筹备时又选了一批人，并指定了负责人，可是好长时间不见进展，关先生了解到这个情况后，主动找到分行领导，提出承担新支行筹建的任务。

分行领导听了他的请求，激动得半天不知说什么好，因为领导这些天正在为这件事发愁，他们也想到了关先生，但是他们不忍心让他离开刚筹建开业的支行。关先生对分行领导说，自己已经参与了分行的筹建，又主持了支行的筹建，经验会比他们多，路子也熟，筹建起来会更方便，质量也更有保证。

自主持第一家支行筹建工作起，在近三年的时间里关先生共主持筹建了六家支行，因此大家都管他叫“筹建专业户”。在筹建过程中，他边工作、边总结，不仅对机构筹建工作的流程轻车熟路，而且对机构筹建的法律法规也研究得非常透彻，真正成了机构筹建方面的专家。

当关先生刚筹建完第六家支行的时候，上级行调他去主持筹建一家新的分行，筹建结束后，他便留在那里成为主持工作的副行长。

关先生个人发展的路径确实比较特殊，但是他所具有的工作状态，主动承担责任的精神，努力把事情做得专业的能力，是值得每个人学习的。

每个人都可以从关先生的个人发展过程中找到自己可以借鉴的方面，而且见仁见智，但是最核心的是他能够主动地把事情做得优秀，让领导放心。

要想把自己塑造成“优质产品”，实力是基础，方法是关键。

很多人一到了支行长的岗位，就想建立自己的“独立王国”，不听招呼，专心搞自己的小圈子，只想到个人或者本支行的利益，因此欣赏他们的人就少了，他们发展的道路也就变窄了。

实际上，关先生主动要求负责筹建支行，并没有想到未来的发展问题，但是他知道，只要努力工作，做精别人做不了、做不好的工作，个人的未来一定差不了。

一个人长期做一件事情容易产生懈怠，特别是在监督不足的情况下更是如此，然而关先生不仅没有懈怠，还越做越精，这就是他的过人之处。

保持“良好记录”

从对近年的金融案件的分析来看，支行长也是个高危岗位。

近几年银行业监管当局也对银行高管加大了监管力度，支行长的个人从业记录在个人的职业生涯发展中便有着非常重要的价值。

保持个人从业的“良好记录”应该是每个支行长最基本的职业标准，同时也应该是很高的标准，稍有不慎便将断送自己的职业未来。

有良好的记录并不难，而保持“良好记录”则不容易，因为一个人在较大的时间跨度里若要始终保持良好的记录，没有持久的努力是不可能做到的。特别是在当今复杂经营管理背景下的支行长，要保持“良好记录”就更难。银行业评比“良好银行”，而不是优秀银行，大概也是基于“良好”并不容易保持的缘故。

优胜劣汰是市场经济最重要的法则，也是职业生涯发展的基本法则，在当今银行高管职位竞争越来越激烈的情况下，优胜劣汰的循环将更快，保持“良好记录”的意义也就更大。

支行长面临的岗位风险是多重的，由此也可以看出支行长保持“良好记录”的难度。

支行是银行最基本的经营管理窗口，风险几乎无处不在，经营和管理的每一个环节都可能出现风险，重要的是你要有规避风险的能力。

第一，你个人必须优秀，优秀的记录会让你获得更多机会和更大的发展空间，否则就会失去生存和发展的机会，甚至遭遇从业风险。

第二，你必须有眼力、有耐力、有能力去识别风险，防范风险，控制风险，最终化解风险，甚至把风险转化为个人职业生涯发展的契机。

第三，要有良好的心态，当风险出现时不是怨天尤人，而是看到风险背后的机会，从容应对，把应对风险当作一种人生历练，并通过风险处置来检验自己的能力。

第四，要随时作好准备，加强日常模拟演练，避免措手不及的情况发生。

一个普通员工走上支行长的岗位，应该说已经走到了自己事业的“高涨期”，此时最大的危机是持续发展问题，要持续发展就必须保持“良好记录”。

很多支行长的事业发展比较顺利，有的三十出头就走上了支行长的岗位，可是后面的路好像突然变窄，变得模糊起来，下一步到底该怎么走，一时不知如何是好，这种情况下要保持“良好记录”就更难。

支行长需要不断审视和调整自己，在已有的基础上做强自己，不断增加自己的市场价值，这样才可能始终保持“良好记录”，开辟自己职业生涯发展的新天地。

优秀的支行长一定是始终保持“良好记录”并不断走向优秀的人。

自我激励

冯先生在支行长的岗位上已经干了十年多，与他差不多时间任支行长的人不是升职就是调到了其他岗位任职，可他却一直快乐地当他的支行长。

有人不解，为什么这么多年的老支行长还能这样尽职尽责，各项工作一直走在前面，并始终保持乐观的状态？

他的回答很简单：“给自己找个理由。”正是这种想法让他找到了工作的意义，找到了自觉自愿为工作付出的原因，找到了自己做得更好的动力。

他刚当支行长时，就想“决不能辜负了看得起咱的人的期望”，因而工作起来加倍努力，当支行长的第一年就取得了人均存款第一名的好成绩。

第二年，他想：“怎么也不能比去年差呀！”于是，他采取了“稳住基数，搞清底数，抓住大数”的办法，开发了几个大客户，在保持上一年成绩的基础上，在对公业务上又有了新的突破。

第三年，他又告诫自己：“头开得不错，不能松懈。”这次，他在管理上下了一些功夫，使原来的工作基础更加扎实，然后进行任务分解，提高全员的市场开拓能力，取得了明显的成效。

第四年，他调到了一家新支行，他想："说什么也不能比原来弄得差。"于是他结合了新支行的特点，再加上自己的经验，创造了"人人是银行"的形象营销提升法，使该支行成为上级行树立的典型。

第五年，和他一起任支行长的一拨人中有人被提拔为上级行的副行长，有人对他说："你干得这么好，怎么没你的事。"他也在考虑这个问题，经过对比分析他发现，自己与人家真的有差距，他说："我知道自己哪里不行，没咱的事正好给咱提供了努力的方向。"

就这样，他每年提出一句激励自己的话，始终让自己不松懈，持之以恒地努力下去。他一年接一年辛勤地在支行长的岗位上工作，从没有过怨言。

一直干到第十个年头，上级领导考虑到支行的工作太辛苦，便征求他的意见，要把他调到部门做负责人，他说："我觉得自己挺适合干这个的，如果征求我的意见，那我就还是干这个。"

领导看他是真心实意，并听取了他对今后的工作设想，相信他一定能够干得很好，又把他留在了支行。

在以后的日子里，他常说："在支行长里，咱的年纪最大，不能让领导对咱不放心哪！"就这样，他还是一如既往地拼命工作，工作业绩仍然排在前几位，让年轻的支行长们佩服得五体投地。

到了快退休的年纪，他依旧担任支行长，他想："一定要好好干，不能临到收场砸了自己的牌子。"工作更是兢兢业业。到退出岗位年龄段的时候，上级行授予了他"特别贡献奖"，并给予他"终身员工"的荣誉和待遇。

冯先生就是凭着这种"自我激励"的力量，让自己时刻不松懈，并不断有新的创造，实现了一个个岗位目标，获得了大家的尊重。

冯先生在支行长的岗位上应该说做得非常优秀，十几年来一直书写着他的“良好记录”，这与他采取各种方法不断激励自己有很大的关系。

能够保持“良好记录”也是一种优秀。

有人问，他干得这么好怎么没有升职，先不说这种观念有没有问题，单是提拔领导干部的问题本身就十分复杂，并不是干得好就一定要提拔。冯先生的做法与结果难道不值得学习么？况且冯先生并没有把升职看得多么重，他虽然也有被提拔重用的愿望，但是他更看重自己所作出的努力能够被大家认可，他认为这就是自己的岗位价值。

每个人的职业生涯发展都会有不同的取向，每个取向都有不可替代的价值，保持自己从业过程的“良好记录”，对自己、对银行都将价值不菲。

减少岗位“遗憾”

在支行长的岗位上，经常会有这样那样的“遗憾”，涉及与领导、员工的关系，涉及日常工作的处理，甚至是随机的一个举动。

当你回顾支行长岗位这段经历时，“遗憾”越多就会离优秀越远，因而减少岗位上的“遗憾”，就是在支行长岗位时需要时刻注意的问题。有些支行长在岗位上还觉得不错，一旦退出岗位，就会觉得与自己的辛苦相比，收获并不比别人多，也容易导致这样那样的“遗憾”。

有“遗憾”是正常的，但“遗憾”之间也有品位的差异，这与每个人的世界观、人生观、价值观有着紧密的联系。

支行长在放眼未来的时候，会发现不确定的因素有很多。这就需要在制订个人发展规划时，注意环境、条件等方面的变化，不断审视和调整自己，及时修正计划、思路和目标，才不至于留下太多的“遗憾”。

支行长在退出岗位时，“遗憾”最多的就是自己曾经设定的目标没有实现。这就需要自己对所选择的目标和没有达成的原因作出一个合理解释，使自己的“遗憾”得到恰当解决。

职业生涯发展是一个长期的任务，在整个发展过程中不可能一帆风顺，出现反复和波折也是正常的，积极和正确地应对就不会给自己留下更多的“遗憾”。

在支行长的岗位上，应该经常盘点自己的职业生涯，对自己的职业能力、所处环境、目标和思路，以及职业生涯发展的适宜性进行深入的思考，从而找到新的目标，形成新的思路，缩短自己所作出的努力与自己所赋予的期望值之间的差距。这样一来，“遗憾”就会减少。

支行长所处的职业环境十分复杂，容易对自己的岗位工作作出错误的判断和评价，因而引起消极情绪，放大自己的“遗憾”。

支行长的工作十分繁忙，难以实现工作与生活的平衡，因而往往会在家庭、父母赡养、子女教育、身体健康等方面留下“遗憾”，这就需要支行长提高自己平衡工作与生活的能力。

要减少这些岗位“遗憾”，就要在走上支行长岗位时注意做好以下几方面事情。

第一，让自己的工作和生活目标更明确，通过努力让目标从模糊到清晰，从原则到具体。

第二，让职业生涯发展的每个步骤更踏实，让自己的每一次经验积累都更有意义。

第三，让具体的实施方法更适用，让自己的行为方式得到他人的认可，与自己的职业生涯目标与环境相一致，更能创造出卓有成效的工作业绩。

第四，让相关因素更有利，充分发挥积极因素的作用，放大积极因素的效果，尽可能变消极因素为积极因素，保证积极因素发挥出应有的效能。

第五，让发展轨迹更清晰，过去的发展过程已经为自己描绘了一个基本的蓝图，基本上已经为未来发展定向，关键是怎样使自己始终沿着认定的路径坚定不移地走下去，努力在昨天的基础上做好今天的事，为明天的发展打好基础。

第六，让自己的角色感更强，随时评估角色意识，加强角色认同，分析自己所承担的角色与他人的期望、自己和他人的评价，自身素质、能力、水平与自己所要扮演的角色之间的差距，以便确认自己在职场中的表现，不断为职业生涯发展创造条件。

要想成为优秀的支行长，就必须努力减少岗位履职过程中产生的各种各样的“遗憾”。

决不内耗

支行长最大的压力是指标完成与关系协调，也正是这两件事的矛盾最集中。很多支行长就是因为这两件事难以做得恰到好处而给自己留下很多“遗憾”。

陆先生到支行任行长后，暗下决心：“决不与兄弟支行抢市场。”

话虽好说，但一涉及具体事情，常常会让人纠结。你不去抢别人的市场，可是有人会抢占你的市场，自我约束只会让自己的一些客户流失。

一旦他的客户被其他支行挖走，他决不追问，而是积极帮助客户办理转户手续，还会跑到对方支行把客户的相关资料移交过去，并告诉对方还有哪些深度开发的空间，或者有什么事可以再来找他。

有人问他，这样下去，你的任务指标怎么办？他说："我自有办法，总不能因为这些事，和兄弟们弄得跟仇人似的。"

为了弥补这些空缺，他就必须寻找新的开发渠道。他对本系统内的兄弟支行很照顾，但是面对其他行的市场，可从来不客气。他任支行长的第一年就成功开发了一些新客户，其中包括几家在其他行开了基本户的大户。

在已经瓜分完毕的市场条件下，必须找到新市场才更有利于长远发展。经过多方调查研究，他发现小商品市场因为人多、量小、分散、流动性大，而没有人愿意开发。

他组织了几个人专门进行这一项目开发，终于形成了"定时驻场、现场存贷、互信联保、电话预约、上门服务"的服务方式。城区的 4000 多个小商品经营者成了他们的客户，每年的累计存贷款达 120 多亿元，成为他们重要的客户资源。

他们的开发方式受到了上级行的重视，最后他们还被安排在上级行组织的经验交流会上介绍了经验。

其他银行的支行还是眼睛盯着别的支行的客户，今天你挖我，明天我挖你，内耗严重，常常因为大额款项转出而吵成一团。上级行经常要出面解决类似的纠纷，上级行虽曾三令五申不许内耗，但还是不能从根本上解决问题。

陆先生在支行长的岗位干了五年，从没发生过类似的问题，上级行也从来没有接到关于他的这类投诉。当他退出支行长岗位时，领导谈话时问起这事，他笑着说："我不想做会让自己感到遗憾的事。"

在陆先生看来，自家兄弟争得不可开交，不但对银行发展没有好处，反而破坏了兄弟们的情分，实属令人遗憾之事。

你现在的“遗憾”越少，未来的发展也才可能越好。

他一走上支行长的岗位就给自己定下了“决不与兄弟支行抢市场”的规矩，这一方面是他接受了过来人的教训，另一方面也是他个人价值观的反映。

人生的遗憾不是你做了什么，而是做了不该做的事情，却没有做该做的事情。

“不想做让自己感到遗憾的事”，一方面需要品质的修养，另一方面更需要能力的支持，陆先生能够做到这一点是与他的修养、能力直接相关的。

一个人如果能够往远看，对问题看得透，“遗憾”就会少一些，也会为自己的未来开辟道路。

测算好个人发展的“头寸”

“头寸”测算是银行经营管理中非常重要的内容和方法。一个人在自己的发展过程中也需要随时测算自己发展的“头寸”，这对支行长来说更有意义。只有不断测算个人职业生涯发展的“头寸”，才会清楚自己现在到底处于一种什么状态，未来的发展空间还有多大，以及自己该怎样去努力。

实际上，所谓的“头寸”就是你的发展愿望、兴趣、能力、环境、条件等与个人发展目标相比，还能提供多少支持，它们能够推动你走多远。

在测算“头寸”时，至少要在四个方面给予足够的注意。

第一，需要评价自己对个人职业生涯的关注点是否发生了偏移，这种偏移与目标是否仍然处于同一水平，这种偏移有无道理，应该如何处理。

第二，应该对自己所处阶段进行确认，确信自己现在的职业行为、思维方式、工作方法、工作业绩符合这一阶段的要求，以及还有多少能力可以发挥。

第三，要对自己的发展路径进行分析和评估，再往前走会有哪些路摆在自己面前，哪条路更适合走，哪条路更好走，哪条路又更利于个人的长远发展。

第四，要对自己所拥有和所能控制的资源进行梳理，如果出现资源“短腿”要尽快补齐，并结合自己的未来目标对现有的资源进行优化配置。

随时盯住未来目标，测评自己，看到自己的优势和劣势，找到个人发展的方向、路径和方法，发展就是情理之中的事。

优秀的支行长总是能够切实把握个人发展的“头寸”，适时推动个人职业生涯的发展。

增加履历的含金量

朱女士是由市分行计划财务部副总经理的岗位调任支行长的，她原来的目标一直是计财部总经理，现在出现的这一变化让她必须重新规划自己。

到支行后，她除了对支行的工作进行了认真的研究规划以外，还对自己未来的发展走向进行了认真的分析评估。

在支行工作一段时间后她发现，要想做好上级行的计划财务工作，支行的工作经历非常重要，它会为未来做好计划财务工作打下坚实的基础。

于是，在工作中她便开始有意识地注意计划财务与支行工作的联系与衔接，关注什么样的计划与财务才更有利于支行的工作开展，怎样工作才能更有利于计划财务工作的贯彻落实。

工作中，她努力从计划财务的角度，去组织和检查支行的工作，寻找支行的工作规律，探索通过计划和财务推动支行工作的思路和方法。

她把计划财务与支行工作的问题写成了论文，在系统内的信息交流期刊上发表，受到了上级部门的好评和领导的重视。

她还对全行职业生涯发展环境和上升通道进行了分析，认为上级行缺少一位既熟悉部门工作，又熟悉支行工作、对综合管理有些研究的人来填补管理空缺，而自己是最合适的人选，况且女性高层管理者缺乏，自己恰好可以填补这一空白。

经过分析她对自己更有信心了，开始按照上级领导干部的选拔标准来要求和充实自己，工作开展中也有意识地向相应的标准看齐，增加与上级行联系的渠道和机会。

当她了解到最近领导班子调整晋升人选要通过考试决定时，便开始复习应考，在三个月后的考试中她的成绩进入前三，被列入考察范围。

她的考试成绩，加上工作和履历与上级的选拔要求正好相当，再加上高管层缺少女性代表，她便顺理成章地成为市分行的副行长。

在支行长的岗位上，每天大家忙的事情都差不多，但是朱女士却让她的工作多了一份自觉，有意识地在自己的工作中加进了一些促进个人发展的因素。

由于她有这种意识，因而才会不断回顾自己的工作，反思工作中的问题，加大工作的内涵，提高工作过程的含金量。

她努力把自己现在的工作与未来联系起来，把现在的工作加进未来所需要的内容，这就让自己的工作更有方向感，更有未来价值。

一个人的发展机会的多少与好坏，不仅取决于他对未来的选择，还取决于他对自己的“头寸”的管理。

她通过分析，了解到什么工作和怎样工作是未来最需要的，明白了自己在面向未来的时候还缺少什么，从而使自己的工作和计划更有长远意义。

她善于总结，善于突出自己的工作价值，而且知道怎样才能被人了解和认可，因而她做了其他支行长没想过和没有做过的事情。

她还非常重视职业生涯发展信息的收集，根据这些信息的分析找到了自己的短板，尽可能在最短的时间内解决，并且努力把短板变成长板。

找到自己与他人的差别，打出自己的特色牌也是朱女士最有价值的职业行为，这使她能够让人在较短的时间内看出她与其他人的区别和特点，且有说服力。

组建自己的“啦啦队”

一个人能够走到支行长的岗位，一定有一群人在背后支持。而在这个岗位上再往前走仍然少不了大家的支持，特别是关键人物的支持。

有的支行长觉得自己干得不错，就变得“牛”起来，在员工面前端着领导的架子，对其他支行长和部门负责人也不够尊重，甚至动不动就顶领导两句，还吹嘘自己“敢抗上”。

每个支行长的手里都握有很大的贷款权力，很多客户为了及时获得贷款，常常围着支行长转，甚至曲意逢迎、拉拢腐蚀，有的支行长非但不警惕，还觉得自己有本事，最后搞臭了自己。

支行长是一个令人羡慕的岗位，社会上有很多人甚至以能与支行长交朋友为荣耀。但是有些支行长没有把这些好机会和关系利用好，没有给自己的事业带来什么好处，反倒因为“狐朋狗友”一大帮，影响了自己的声誉和未来的发展。

有的支行长生活上不够检点，有了权力、有了地位、有了钱，便开始胡作非为起来，影响了家庭的稳定，失去了家庭对自己未来发展的坚定支持，甚至闹得鸡犬不宁，无心工作。

有别人的支持，才能有自己的未来；要获得未来的发展，必须组建起自己的“啦啦队”。

第一，与上级领导搞好关系，让他们能够看得上你，觉得你行，能够让他们放心，并随时做出业绩给他们看，用事实去证明自己。

第二，加强与上级行各部门的联系，让那些在领导周围的人能够在领导面前经常反馈你的正面信息，并在关键时刻能够为你说话。

第三，要尊重你的员工，让他们感到你是最可尊敬、最可依靠的人，你的工作和能力让他们心悦诚服，会时刻想着你对他们的好处，他们也会希望你有更好的发展。

第四，要不断加强身心和行为的修养，不过分张扬自己的个性，充分认同共同的文化，始终把全行的共同利益放在第一位，凡事多为他人考虑，形成共同口碑。

第五，在工作中依靠群众的力量办事，不过分强调个人的作用，把成绩看作大家共同努力的结果，有利益共同分享，让自己身边形成一个自觉的追随者群体。

第六，找到能够在关键时刻关心、支持和帮助你的人，特别是要找到在关键时刻可以决定你命运的人，与他们保持良好的关系，这样在关键时刻他们也许会助你一臂之力。

如果能够组建起自己职业生涯发展的“啦啦队”，关键时刻为你鼓劲与呼喊，你的个人发展就会顺利得多。

优秀的支行长一定有一个永不解散的“啦啦队”。

善待别人

管先生任支行长后，一直保持踏实低调的工作作风，工作上自己总是走在前面，生活上首先想着别人。

大家对他的评价是“对谁都不小看，谁的忙他都帮，什么时候都没有脾气”。

就算是那些与大家关系比较紧张、谁也不愿理的人，跟他的关系也不错。他常说:“要善待别人，就要常为别人考虑，想想自己为别人做了什么。”

员工出现了问题和错误，他很少当着大家的面，进行严厉的批评或是主观地判断对错，而是过后详细询问为什么会出这样的问题。员工们说:“在管行长面前你都不好意思犯错。”

管先生对待所有人都是一样，无论是上级行的领导还是员工，无论是普通群众还是客户，他始终微笑和善地对待每一个人，因而他的口碑特别好。

但是管先生对支行的管理却非常严格，只是他的严格不是生硬的，而是采取了人们乐于接受的方式。员工们也都知道这一点，他们都说：“别看管行长总是笑呵呵的，原则问题谁也别想通融。”

他不太在意别人的生活和家庭背景，他说：“在当今这个社会，说不准哪块云彩有雨，与人为善才能得善终。”

管先生任支行长时，上级给他的支行派来一位副支行长，经过交谈他发现这位副支行长并没有做过什么业务工作，也没有在支行干过，但是对银行理论非常熟悉。管先生没有多想，就像对自己的员工一样，正常分配给他工作，手把手地教他办理各种业务，讲自己的从业经历、经验和教训，鼓励他在支行好好干，告诉他优秀人才都出自支行。

由于这位副支行长的家不在当地，在生活上管先生对他给予了无微不至的照顾，他非常感动，后来他发现管先生对每一位员工都这样热心。

一年后，这位副支行长离开了支行，需要管先生给他写鉴定，这时候管先生才知道他是总行派下来挂职的。当时这位副支行长是真舍不得离开。

五年后，这位当年挂职的副支行长成为省级分行的副行长，多次专程来看望管先生，管先生也因此受到了方方面面的重视，之后他又成为二级分行的副行长。

任何一个人都不可能一点脾气都没有，只是管先生自己控制得非常好而已。他知道在支行长这个位置上，对他来说什么更重要。

善待别人就是善待自己。

管先生在善待别人的同时，也感受到了自己内心的愉悦和别人对他的情谊，因而他也更加乐于善待别人。

善待别人让他结下了良好的人缘，他的“啦啦队”和追随者便自然形成了，这对他个人的发展是强有力的支持。

后来他的个人发展历程虽然具有戏剧性，但其实他当初并没有想那么多。他对别人好，或者出于本性，或者出于习惯，但最重要的还是“与人为善才能得善终”的理念让他有了这样的结果。

如果管先生不是有一颗与人为善的心，而是对这位业务技术不是很在行、又缺少支行工作经验的副手横挑鼻子竖挑眼，百般刁难，也就不会有后来的故事。

管先生表面比较柔和，但他骨子里是相当坚韧的，他善于控制自己的情绪，并能够长期坚持下来，这对手里有些权力的支行长而言不能不说是一个考验。

后 记

Postscript

时间过得真快，转眼《做最好的银行职员》已经出版一年多了，也许有的朋友已经从员工变成了支行长。为了跟上这快速发展的时代，跟上大家改变的脚步，我们的书也升级成了《做最好的银行支行长》。

一样的体例，不一样的“故事”。我们的主角已经由银行的普通职员变成了支行长，我们讲述的是一个个“改变的故事”。

说起改变，就得先说说最近大家对银行的认识的改变。在多数人都认为银行“不差钱”的时候，突然到来的“钱荒”让人们意识到：原来银行也有缺钱的时候。

我们只能说，社会的发展，时代的进步，让人们的选择越来越多，对事物的看法变得越来越多元化，我们的一些意识和观念也终将会被颠覆，而我们能做的就是在被颠覆之前作出改变——改变自己的想法，改变自己的做法。正如马云所说：“我们必须在别人改变之前先改变自己。”

银行也在不断改变，也许现在银行还是个金饭碗，支行长还是让人艳羡的“高富帅”“白富美”，但越来越大的业绩压力却让人真是觉得“压力山大”，以至于支行长之间打招呼的第一句话也变成了：“怎么样，任务完成了吗?”

看似风光的背后，隐藏着多少辛酸苦辣；推杯换盏之后是多少家人的抱怨、身体的反抗、心里的无奈。但为了完成任务，为了业绩，为了身后的兄弟、“战友”，多数支行长选择了默默承受，承受这些越来越大的压力。高薪高压，便是目前支行长的生存现状。

支行长的压力就是支行的压力。支行是银行最基本的经营单位，是银行的基石。支行长则是基石的建设者和维护者，负责支行的日常经营和管理。支行长的压力主要来源于以下几个方面。

第一，银行是服务行业，而支行又是面对客户的窗口单位。随着社会的发展、竞争的加剧，客户对服务的要求越来越高，银行作为半垄断行业，备受社会关注，稍有不慎就会招致各种投诉，因此支行长需要不断应对各种投诉，并不断对服务进行改进。

第二，银行是经营风险的单位，直接与钱打交道，而涉及钱的事必须要格外严格谨慎，因此支行长要对操作风险、信用风险、声誉风险等进行把关并负责。

第三，金融机构越来越多，竞争越来越激烈，银行为了发展，为了在竞争中争得先机，将经营指标分解到各支行。多达三十乃至五十项的指标导致支行的业绩压力越来越大，各支行不得不为完成指标而疲于奔命。

第四，注重人情的中国社会特色、经济疲软等经济发展现状和利率市场化等金融体系改革的趋势让银行发展的后劲不足，这导致支行长在经营管理、完成上级分派的任务时手段单一、困难重重。

为了解决上述问题，为了让支行长活得轻松一些，为了不再让支行长“忙得已经没有主张，‘盲’得已经失去方向”，我们讲述了支行长们的一些“故事”。“故事”中的支行长们有悲也有喜。

奥古斯特·孔德曾说过：所有前人的失误或许不会完全重演，但是所有即将发生的悲剧中都无一例外地有着前人失误的痕迹。

为了复制成功、避免失败，更为了让支行长们能享受到那份生活的惬意，我们对产生这些或悲或喜的原因进行了分析，并提出了支行长需要从“想、管、干、带、秀、升级和展望”等七个方面进行升级和改造，从而脱离那种“忙”与“盲”的状态。但事实上支行长应当具备的能力还有很多，我们不能一一赘述，本书只是择其重点，选择了支行长最应当具备的一些能力，以及最应当进行的改变，并通过“故事”的形式呈现给大家。

但“一千个人眼中便有一千个哈姆雷特”，一样的故事，也许你会有不同的解读。我们只是希望我们的“故事”能够抛砖引玉，让你产生思考并带给你一些有益的改变，让你脱“忙”和脱“盲”。

在本书的成书和出版过程中，得到了汪涛、丁宇、任红波、宋士平、孙怀华、陈闯、吕晓娅、陈崇正等老师与同事的帮助，在此一并表示衷心感谢！

古剑　邢晓理